作为两个孩子的父亲，我的每一天都经历着紧张与新奇。和孩子们一起生活，就像一场持续的地震——古老的确定性土崩瓦解，新的思想和情感不断涌现。我相信，父母这个职业容易产生失望和疲惫，但也是难能可贵的成长机会。因为孩子，所有的孩子，都是自发的、热情的、原始的、真实的。在教育他们之前，身为父母，我们必须先充实自身。因为当生活遭遇不可避免的挑战时，我们需要汲取连自己都不知道的内在资源和知识。只有这样，在那些困难时刻，我们才会显得更加有力和自由。在这本书里，我记述了与孩子们相处时，我的自我的蜕变过程。我想要分享给天下父母们一份心得：养儿育女的工作不只是一份辛劳的付出，更是一场精神的探险。本书献给所有愿意再次走进那个被遗忘的纯真世界的人们。

——皮耶罗·费鲁奇（Piero Ferrucci）

孩子是个哲学家

重新发现孩子，重新发现自己

［意］皮耶罗·费鲁奇（Piero Ferrucci）著　张晶 译

上海社会科学院出版社
SHANGHAI ACADEMY OF SOCIAL SCIENCES PRESS

扫码优惠领取配套全本畅听
专业声音娓娓道来,随时随地畅听全书

和孩子们一起生活,改变了我们:
美、爱、纯真、游戏、痛苦以及死亡,
一切都呈现为全新的景象。

目录
Contents

引言 1

和孩子们在一起，我们有机会去培养耐心和幽默感，增强内心的智慧，并学着发现日常生活中潜藏的财富和意想不到的幸福。

关注 11

关注把生活中多余的部分消除，让生活变得更简单。它直达事物的核心。

空间 27

只要我期望我的孩子有某种表现，我就紧张和焦虑，不能以他们原本的样子去看待他们，和他们在一起时也不能获得任何快乐。

过 去 45

在此时此地,过去扮演着大盗的角色,以精神和情感习惯的方式重复着自身,剥夺了当下的独特性和新鲜感。

身 份 61

如果我们想要成长,就必须放弃角色的可靠保护,外壳必须裂开。

一切在于你 75

孩子能够清晰直接地感受到我们内心最深处的隐秘情绪,并能比我们更深、更敏感地把这些情绪表现出来,因为他们没有防护机制。

真 相 89

真相——看清自己是什么，而不是我想要成为什么——让我觉得不安。但它也再次帮我发现了谦卑这一可贵的美德。

伴 侣 103

无论是作为爱的和谐还是作为痛楚的伤口，这种关系留存于我们的内心。父母之间的关系塑造了我们的模样。

感 激 117

痛苦存在着。死亡存在着。但是谜一般的、多变的生命是不可阻挡的。

耐 心 131

我认识到耐心不仅仅是一种美德，而且是一种对时间的完全不同的感知方式。

智 慧 147

当我获得哪怕是最微小的成功，唤起了内心或调用了想象力时，我都会感到自己是完整的，充满了生命的活力。

游 戏 167

去倾听。去存在。让生活自发地发生。我们已经遗忘了这些沉思的态度——然而它们可以帮助我们重新发现爱和奇迹。

纯 真 187

在孩子们看来,这个世界闪耀着新奇和初次体验的强度,比如初吻、第一天上学、初次看见彩虹。

意 志 201

当你为人父母时,你得知道怎样经常说"不",还有——不带愤怒、骄傲或负罪感地说"不"。只是简单地、纯粹地说"不"。

爱 215

在焦虑、愤怒以及想去制服的愿望的漩涡里,最重要的是我可以去发现爱。

致 谢 233

译后记 235

引 言

我趴在地上，四处寻找着一个小塑料轮子。它是从我5岁的儿子埃米利奥的玩具车上掉下来的。他很不高兴，我呢又累又气。为了这个无足轻重的小玩意儿，我已经找遍了家里的所有地方，现在又得从头再来一遍。埃米利奥真的很想要它。矮沙发后面、家具下面、扶手椅的折叠处和垫子中间，我统统都翻过了。就像一个不情愿的奴隶，我费劲地在这些布满灰尘的陌生地方挪来挪去。

埃米利奥焦急地跟在我后面，不停地给我出着主意。我一边找着，脑子里思绪万千。我这是在干嘛？在找这个愚蠢的玩具轮子吗？我怎么沦落到了这样的地步？为什么我要迎合埃米利奥每一次心血来潮的念头？我还想到，自从我的第一个孩子出生后，我的生活发生了怎样的变化，我的时间又有多少耗费在这样平庸无聊的事上。有时候，我觉得自己是某个专制暴君的俘虏。英国哪个精神病医生曾说过"家庭就是疯狂的冶炼炉"？我绞尽脑汁去回想他的名字，脑子里还是一片空白。

然后我的心情忽然改变了。通过某个奇怪的悖论，处理这些琐碎小事让我觉得自己伟大起来。当我弯下腰，我感觉自己的精神变得高尚了。仅仅是通过帮助一个孩子，我敞开了自己。无论如何，偶尔离开那些高高在上、每件事都有明确目的的地方，把时间浪费在一个无趣和被遗忘的碎片世界里，对我有一定的好处。当我不再把自己太当回事，心情也就好了很多。

我甚至终于设法找到了那个小轮子：它就藏在地板的夹缝里。多么了不起的成就！玩具车又完整了，世界恢复了正常运转，埃米利奥笑了。

这些天里，我最好的直觉都发生在这样的时刻。并不是什么特别光彩夺目的思想，但是当我把它们汇聚起来，我就有了一个相当不错的收藏。毋庸置疑，在成为父亲之前，我曾有过大把大把的时间。我可以阅读、写作和思考，可以不被打扰地听音乐和沉思，并在狭小的私人空间之外任由自己的思想自由驰骋。日常事务对我来说，即使不是麻烦，也是让人分心的事。

现在，我却在四处寻找一个玩具小轮子。一天下来，我精疲力竭。不过对我来说，这样的日子似乎比以前更为深刻和丰富了。我终于认识到，为人父母，每时每刻不管多么烦人或琐碎，其中都包含着潜在的惊喜和改变的契机，有时还会有智慧的灵光乍现。

这就是本书的主题：和孩子们一起生活充实了我们，改变了我们。就像去深入学习一门研究课程，它让我们去经历所有重要的人生体验，赋予我们更深的理解力和更敏锐的注意力：美、爱、纯真、游戏、痛苦以及死亡，一切都呈现为全新的景象。

那是暮春一个美好的黄昏，空气清新，我抱着我的小儿子乔纳森走在城市的街道上。他才几个月大，我感到他紧紧地贴着我，在看了会儿穿梭而过的人群和车流后，快要睡着的他咿呀自语，声音异常甜美，就像奇特的圣歌。

我感到自己的胸前抱着一块稀世珍宝，他被冥冥之手托付给了我和我的妻子薇薇安。他的生命是一个奇迹，而我们每天都有特权去见证他的成长。此时此刻，他的声音让我浑身充溢着奇妙的感觉：这个声音什么也没有说，因为它还不会说话，但是却说出了一切，因为你可以从中听到一个宝宝的愉悦和宁静。他如此安宁，很快就要沉入梦乡。

我用一只手托住他的头，感觉到乔纳森咯咯笑起来时的震动。这些细微的震动有种神奇的力量，它们进入了我的身体并在其中蔓延。以异常直接的方式，它们把孩子的纯真传达给了我。我感到自己的内心深处泛起一股巨大的感激之情。

这只是诸多时刻中的一个。当我和孩子们在一起时，我总能变得更为充实。这些时刻充满了欢乐和柔情。在此之后，我已不再是原来的自己：我的焦虑和冥思苦想消失了，我和生活的联系更加密切，我感到自己更真实了。

与孩子们一起生活使我们成长，我相信对每个人来说都是如此。和孩子们在一起，我们有机会去培养耐心和幽默感，增强内心的智慧，并学着发现日常生活中潜藏的财富和意想不到的幸福。

然而，这种转变总是与痛苦紧密相连。伴随着欢乐时刻，常常会有富于挑战性的考验，其中我们的弱点、谎言、伪善，我们的疑虑、矛盾、缺点，统统会被置于最无情的审视之下。但是，这正是改变发生的方式。

埃米利奥盯上了我的一支新笔，他问我："爸爸，这个给我行吗？"

"是的,你可以……"

"谢谢你,爸爸。"

"……如果你好好表现,不调皮捣蛋的话。"

"噢,好吧,那不必了。"埃米利奥回答,快快地离开了,不再对那支笔感兴趣了。

我的真面目就这样暴露无遗。正是埃米利奥让我的家长式作风显现出来,就像被镜子无情地照出来一样。如果有人给我我想要的东西,条件是"做个好孩子",我会怎么想呢?多么讨厌的赠予方式!可是刚才我正是这个样子。埃米利奥的回答将我不喜欢的一部分自我展现了出来,他的回答可能让我不舒服,但是它改变了我。

在有孩子前,我经常带着一种优越感和沾沾自喜去观察周围的父母。在我看来,大多数父母笨拙又可怜。我是一个专业的心理学家,满肚子的心理学知识,很容易就能注意到他们的错误。我背地里批评他们,轻松地甩出一大堆建议,并相信自己能做得更好。

但是,当我有了两个孩子后,我谦卑多了。我所有的理论就像一座空中楼阁,坍塌了。多次挫败之后,我丧失了自己原来的确信。

但是不要紧。为了深入地理解一些事情并继续前进,我们首先不得不清空自己的确信和自满。这是第一步。

像每个父母一样，我也曾经历过刺痛、挤压、受伤、重整思路和彻底自省，却从未真正摆脱困境。我的孩子们总能以一种恶魔般的直觉，频繁地直击我精心掩饰的弱点！而正是这些经历彻底改变了我，使我不同于从前的自己，尽管是以一种强硬和痛苦的方式。没有什么心理疗程、精神静修或聆听东方宗教导师的教诲，可以达到像这样醍醐灌顶的效果。

与孩子们一起生活是一座充满了发现的矿藏，有令人惊喜的发现，也有令人不愉快的发现。当然，它也是一件苦差事。试试把孩子们长大离家前你为他们准备的饭菜排列起来吧，它们会一直排到外太空去！我们就是纯粹的奴隶！更不用说还有数不清的摩擦、失望、争吵、疾病，以及一长串待付的账单了。

哪位父母起初曾料到这一切？我想象着如果没有孩子，我可以完成的所有事项，我怀念那些旧时光——薇薇安和我能够不被打扰地闲谈上5分钟。

孩子使我们性格中的黑暗面暴露出来。如果我们倾向于扮演受害者，如果我们嫉妒，或者如果我们喜欢控制别人，我们真的会不遗余力地如此对待我们的孩子。

如果我们爱担忧，我们会变得更加焦虑，孩子将成为我们恐怖幻想的最佳主角。我们原有的神经官能症不仅不会消失，还会被无限放大。

在为人父母的生涯中，我们可能被罚为奴隶，被迫得上神经官能症；但另一方面，我们也可以开始一段充满发现和欢乐的旅程。

那么，我们如何才能选择那条更好的路呢？有两个因素。

首先是愿意学习。我们已经习惯于按照"我们能教给孩子们什么"来思考，其实也许我们更需要扪心自问：我们可以从孩子们那儿学到什么。别忘了，他们是新来者，他们带着我们久已失去的新鲜感和独创性来到我们身边，那么应该去学习的人，难道不是我们自己吗？

第二个因素是要意识到，做父母这项任务尽管看上去平凡，却有着巨大的意义。看看其他的行业吧：工程师和钢筋水泥打交道；医生与细胞、器官为伍；艺术家面对线条和色彩、声音和图像；厨师处理的是食物。然而父母们，却创造生命，或者至少是合作创造了生命。他们的基本材料是人，他们生育、滋养、供养孩子们，帮助孩子们去实现他们的潜能，这难道不是所有艺术中最为神圣的吗?

这本书便是我学习的产物,我自己的经验成了我研究的领域。作为一个常常与内在体验打交道的心理学家,我很容易注意到当我作为父亲时我身上发生了什么变化。

尽管我谈论的只是我自己,但我相信我所说的也适用于其他父母,以及适用于关系到孩子的所有人。每一种独一无二的个体经验,都包含着属于所有人的元素。

让我们来看一个简单的片段。埃米利奥一边默默地吃着麦片,一边出神地盯着远处:显然他正在思考。我不愿去打扰他的思绪,于是保持着沉默。突然,他放下勺子,转过身问我:"爸爸,如果我们所有的生活只是一个梦,那会怎样呢?"我知道他这个年纪的孩子喜欢作哲学思考,但我还是被他的问题打动了。"嗯,是啊,"我回答道,"有一天当你醒来,发现你的父母、朋友、玩具和房子都消失了,你躺在床上,然后意识到那一切都只是一个梦。""对呀,"埃米利奥回答,接着吃他的饼干,"也许连床也是个梦呢。"

关于床的这个细节最让我忍俊不禁。因为这意味着一切全都是梦,所有的存在都变得虚无缥缈和不真实,它也向我展示了埃米利奥哲学思考的连贯性。这让我对孩子的思想充满了敬畏——他们以纯真同时又智慧的眼睛打量着世界。

生活是一个梦。这个观念我曾在不同的哲学思想和艺术隐喻中见过,可一旦从我的孩子嘴里说出来,就显得格外生动。那一刻,我领会了他的观点:一个孩子在观察着世界,并好奇这个世界是否全是他自己的大脑创造出来的。我的注意力常常被日常的一些琐事占据,此刻出人意外地豁然开朗。我重新发现了思考的乐趣。

我与埃米利奥的这个生活片段是独特的,也是普遍的:许多父母都常常被他们孩子的智慧惊得目瞪口呆。所有父母的经验都不可重复,不过其中可能包含了一些反复出现的主题。比如:每个父母都对自己的孩子怀有希望;每个父母都有怀疑和惊奇,有厌烦的时候也有快乐的时候。我就要来谈谈这些主题。

这本书有点像一本旅行指南——如果你到某某地方去,最好记得去看看公园、塑像或景观,因为所有的麻烦都是值得的。做父母的旅程可比旅行观光要丰富得多,它可以是一段心路历程,也可以是揭示生活深刻含义的一系列经验。

心灵之旅把我们带向远方,不过目标却可能近在眼前，即我们自己是什么，何谓我们的真正本质。走得越远，我们就能越是意识到，我们已经拥有了自己所需要的一切。当意识到这一点，顷刻之间，我们所有的不满、遗憾或欲望都会烟消云散。在生活的喧嚣中，我们发现了一个秘密的完美世界：我们知道在这个我们所栖身的浩瀚宇宙中，我们也占有一席之地，那便是我们此刻的所在。日复一日，尽管我们怀疑、疲劳、痛苦，但孩子牵着我们的手，带领我们一步步走向那个地方。

关 注 *Attention*

关注把生活中多余的部分消除，
让生活变得更简单。
它直达事物的核心。

3岁的埃米利奥已经进行过许多次的跳跃。实际上，他肯定做过上百次了。

"爸爸，爸爸，看！你喜不喜欢我这次跳的？看！"他每次都这样说。

"这次是新的！"他对自己的跳跃非常自豪。

前三四次我还兴致勃勃，但是过了一会儿，我就厌烦了。我站在游乐场的中间，心思跑到了别的地方。我开始心不在焉。

不要误会，我很爱我的孩子。甚至在他出生前，我就下定决心要花很多时间陪他。我不想当一个心不在焉的父亲。但是，尽管我们的关系不错，但是在一连陪他几个小时后，我常常发现自己在看手表，想知道是否该轮到我妻子来照看他了。正如我们开玩笑说的，那是我"打卡下班"的时间，"下班"后我就自由了。

埃米利奥拽拽我的袖子,说:"看,你喜欢我这次跳的吗?看我!"他的声音带着一点生气,近乎威胁。"一次新的跳跃!"我又在看表。还得多久?再过两个小时。然后,我就能享受一些安宁了。

有埃米利奥在身旁,我甚至连读报都不可能。他把这看成是对他的漠视。最多我能设法读上半栏,然后便听到他喊:"爸——爸!看我新跳的!"现在他的声音已经气得发抖,就像老师抓住了一个不认真听讲的小学生。

我看着他,终于明白了:这确实是一次新的跳跃。第一百次跳跃和第一次跳跃同样重要,应该得到相同的关注。埃米利奥竭尽全力去完成这次新的跳跃,他在这次跳跃后面加上了一个转身,像一种芭蕾舞动作。对他来说,这是一个不可思议的创造,相当于他刚刚画出了《最后的晚餐》,发现了新大陆,构思出了相对论!我怎么能有一丝的心不在焉呢?这是不可饶恕的疏忽!

看着他的第一百次跳跃,我再一次明白了关注的重要性。我常常在与别人谈到某个发自内心的话题时,从对方的眼睛里看出对方的心不在焉。他也许在思考某些对他更为重要的事,正如我和别的父母在游乐场上所做的那样。你甚至差不多可以猜出这些念头,就像漫画中的对话框一样一个接一个地从脑子里冒出来：钱的问题、运动效果、周末计划，诸如此类。

这种心不在焉常常让我感到崩溃。因为当我失去别人的关注时，我就是在对着虚空说话。我的话语不过是些干枯的叶子，随风四处飘散，最后剩下的是悲伤沉闷的冬天。

当然，我也经历过那种令人振奋的感觉，就是当我被别人全神贯注、不带评判和预期地关注的时候。这种感觉给我温暖，告诉我我的重要性，也让我感到自己是完整的。在我的生活中我曾多次发现这一点，但还是很容易被忘掉。

我的孩子把我拉回了当下。他是一位严格的老师，指出我所有的弱点，告诉我活在此时此地的艺术——所有艺术中最为重要的艺术。没有活在当下，也就没有了人与人之间的关系，没有了现实。

思考过去和未来，当然要比活在当下更为容易。从当下之中逃离，我们发现了一切——幻想、担忧和记忆，这些都比观看一个孩子跳跃要迷人得多。以这种方式，我像其他人一样沉浸在另一时空，靠自动行驶仪运转。我说话、开车、工作、走路、吃饭，只有怕惹上麻烦时才集中注意力——甚至有时对这类事也难以集中注意力。只有当痛苦、快乐或惊奇等那些特别强有力的感受将我拉回时，我才能回归到当下。

如果我能够真正觉悟并活在当下，那么一切都会有所不同。在真实的现在，我所想象的那些问题都还未发生；或者即使发生了，对我来说意义也与设想的不同。我在想象中瞥见的那些模糊、险恶的情形，如果放在透明的当下去考察，便会失去使我恐慌的魔力。"现在"不再躲着我了。

"现在"就是当下。我认识到，其实我并没有其他地方可去。过去和将来只存在于我的脑海中。此刻的我，置身于"现在"之中，这正是我一直都在的地方，即使我没有意识到这一点。

突然，我周围的现实成形了。声音和色彩鲜活起来，轮廓更为清晰，我的感觉也更加真实。他人不再只是幻影，而是实在的个体。每一个人都是独特的存在，而不是仅仅属于某个类别。当我觉察到这一点，世界立刻展现出它的丰富多彩和趣意盎然。人不能根据模式来划分，每种情境都是一个不可重复的事件，每一次跳跃都是一次新的跳跃。

我的孩子把我拉回了当下。他是一位严格的老师，指出我所有的弱点，告诉我活在此时此地的艺术——所有艺术中最为重要的艺术。

当我学会更加清醒地面对生活，我注意到自己发生了三个根本性变化。

首先我发现，我身边的现实比我内心的现实，比我所以为的要丰富得多。我越是昏昏沉沉，所有的一切越是无聊透顶。人、环境、物体、观念，等等，都只是影影绰绰的轮廓。但是当我真的去留意它们，它们便呈现出自己的实质与生命。比如说，我眼前的这个人不仅仅是我的顾客，属于这个或那个类别，他还是一个鲜活的生命。我注意到：他的声音因为怯弱和希望而微微发颤；他的眼神是伤感的，他的领带与夹克不太搭配，他的头发梳成了和上周不同的发型；他在右腕上戴了一块奇怪的手表，因此他肯定是个左撇子；他的鼻尖上能看见一些细小的毛细血管……我可以不停地继续观察下去。这个人改变了我的感知模式，他从一个抽象概念变成了一个有待发现的新实体，一个需要去了解的新的人。我不再盼望着这次心理治疗快点结束了。

其次，无论我身在何处，都意味着我没有别的地方可去，因为我就身在此处。过去，如果我生活在影影绰绰的世界中，我会试着尽快离开它。这样做是因为我总想要一个目的，并且要急切地达成这个目的。如果我和一个朋友在一起，我不是去单纯享受他在我身边的时光，而是试图给我们的会面设定一个方向：我们把该做的都做完了吗？但是，事实却是，如果我真的见到了朋友，注意到他正在陪伴我，我就已经获益良多。有一种懒惰是好的，这是我和孩子们在一起时学到的：慢下来，不紧张，活在当下，享受自己。你有权利不带目的地生活。

最后，我更多地把自己给予别人。注意到这一点，是有一天我在与薇薇安交谈时，同时还在电脑前工作，我意识到我的内心还有一个世界。我通过幻想、思考和演练在内心愉悦自己，退避在自己的世界中。这种方式原本无可非议。不过，在这个例子中，电脑被纳入了我的内心世界，薇薇安却没有，她只是一个外在的声音。这就有点不对劲了。我90%的身心都在电脑和我的思考上，只有10%在我妻子那里，这让我们谈话的质量很差。对薇薇安，我太吝惜自己了。于是我决定全身心地陪她，正如我对孩子们所做的那样。这看上去就像一个人从梦中惊醒。更多地付出身心会令人愉悦，虽然首先它会要求我付出努力，但这正是我想做的。

当我努力活在当下，有时我也会感到不情愿。活在完全的当下常常让人厌烦。首先，它的平淡带有迷惑性，似乎什么事情也没有发生。或者，确实发生了一些事，却并不是我想要的。我需要生活中有不断的刺激和乐趣。

然而，厌烦却是我走上正确轨道、活在当下的首要标志。它意味着我正在突破一层防护屏障，而不是封闭在虚幻的世界里。我的抗拒变化的那部分自我，会尽力劝我不要活在当下。在精神或智力的探险中，我迟早会遇到这道屏障，它会向我提出一个选择题：要么回到我的虚幻世界，要么继续穿过这样的厌烦——看孩子跳跃上百次——然后我或许会接触到全新的生活。

关注的技艺可以在任何地方、任何时间进行练习。它不需要指导、技术或装备，同时也是免费和通用的。不过，特定的情境会促进它。禅师有时候会在冥思的学生中走来走去，凭他敏锐的直觉，察觉谁昏昏欲睡谁思想不集中，并在他的肩上敲一下作为警示。孩子们尽管不知道这点，做法却是相同的。他们的哭闹，他们的问题和需求，都是在不断地将父母召回此时此地，回到一切更为真实的地方——也正是我们该待的地方。

幼儿们总是活在当下。因为他们带着惊奇，所以轻而易举就能做到这一点。5个月大的埃米利奥看着风中摇曳的树枝，眼睛随着它们的摆动在微微地转动。他看得入了迷。对他来说，那一刻树枝就是一切。两岁的时候，他发现了自己的影子。多么神秘啊！影子到处跟着他，并且会在一个更大的影子里消失。他还注意到自己在水坑中的倒影。它是真的吗？还是通向另一个世界的窗户？这就是活在当下。对我来说，这是一种有力的感染：我也想像那样生活。

乔纳森两岁的时候非常留意不同的声音，包括最微弱的声音。他会突然停下来聆听——远处救护车的鸣笛声、邻居关窗的声音、过路人的咳嗽声、吸尘器的呼呼声。然后，他举起一根细小的手指，看着我说："那个响声？"起初我不明白什么意思，后来我努力想象那对他来说意味着什么：他的宇宙中充满了新鲜的、无法解释的声响。

我还记得，婴儿时期的他躺在床上，安静又专注。他的注意力不带评判或期待，也就是说他并不特别专注于某物。他只是专注而已。一种纯粹的意识状态。我从未见过有谁像他那样专注——如此全身心地投入其中。对我来说，光是记住这些时刻就能让我感觉好起来。

当我们能像孩子们那样活在当下，我们和他们的关系也会变得更好——的确，和其他任何人的关系也是如此。实际上，这也是唯一可能的关系，否则就只是一些幻影的聚会而已。

活在当下意味着有准备和随时敞开怀抱。"我在这儿等着你呢。"我的思想不会逃到更有意思的将来，也不会被过去的回声所纠缠，它不去选择幻想的世界。我将倾注我全部的身心，等着你的到来。

我听到一个大声的抗议："你这样会宠坏孩子！在现实中，谁也无法付出那样的关注，孩子会习惯以自我为中心！"

让我先来澄清一下吧。我所说的不是与某些感情联系在一起的那种关注，比如说让孩子感到窒息压抑而不必要的亲吻和拥抱；它也不是那种焦虑式的关注，总是充满警惕，唯恐可怜无助的孩子去冒险："小心，你会伤着自己的！"它也不是那种野心勃勃的关注，既不评判也不竭力找理由去纠正或批评孩子。

它是纯粹的关注，不去侵犯或指导，仅仅只是置身其中。这便是它的全部。这样一种态度从来不会去伤害谁。相反，它是我们可以给予孩子的最好礼物。孩子们已经习惯了生活在如此众多的心不在焉的大人中，这些大人偶尔屈尊将点滴的自己给予孩子们。我确信，当我们设身处地站在孩子的角度，注意他们告诉了我们什么——关注他们，对他们来说意义非凡。

我们都有过这样的经历，那就是害怕去密切关注别人。乔纳森在医院刚刚出生时，我把他抱在怀里，那真是一个美妙的时刻。他的出生是自然分娩，一切都很顺利，但是护士要给他按摩，必须把他从我们身边带走一会儿。此时的薇薇安已精疲力竭，正在接受助产士的帮助。在这个关键的时刻，我该怎么做呢？我竟然平静地去了洗手间，心不在焉，好像处于时间和整个场景之外。对于我所爱的人来说，这是一个决定性的时刻，而我却置身事外。

很快，我意识到自己分心了。我赶快跑回到我们的宝贝跟前，看着他。片刻前，他才来到这个世界上。他看上去很好，但也在踢腾和抗议。我和护士一起抚摸他，对他说话，安慰着他。我感到心里涌起一股爱的暖流。我看向近旁的薇薇安，我们的眼神相遇了，我感到一股巨大的对妻子的感激之情。

到底发生了什么？我后来才意识到。在婴儿出生的过程中，我内心升腾起一些强烈的情感，但有时候某些情感过于强烈，反而会吓坏我们。在我分心的那几分钟里，我抗拒着这些强烈的情感。看到薇薇安精疲力竭，或者看到我的宝贝费劲呼吸，让我有点吃不消，所以我才走开去洗手。然后，一旦我意识到自己是在逃避，我就能够让自己去面对那种我试图逃避的强大的痛苦和爱了。

关注是我所能做的最实际的事。我明白了什么事情，因而也就拥有了关于这些事情的更多知识。我不会感到吃惊，也不会为假想的问题去寻求令人困惑的解决方法。一个孩子情绪不好，也许只是因为他冷了渴了，或是他的袜子溜到鞋子里了。关注把生活中多余的部分消除，让生活变得更简单。它直达事物的核心。

埃米利奥抗拒洗头发。"如果你让我们洗头发，我们给你一个好吃的。"埃米利奥把零食吃了，但还是拒绝洗头发。"看，妈妈、爸爸、奶奶都来了，我们一起去浴室。"不行。"奶奶、妈妈、爸爸陪着你，再加上一个好吃的，你还可以拿一件喜欢的玩具，你一边玩我们一边给你洗。"还是不行。我们倒不如忘掉洗头发这件事。

我们每个人都是去劝说、吼叫、解释、威胁、预言："如果你不洗头，头发脏了会长满小虫子！"或是讲故事:"你知道吗?爸爸像你这么大的时候,也不想洗头……"或是博同情:"我知道你不想洗头……"或是说教:"生活中总有一些事情是我们必须要做的,即使我们不喜欢做。"但什么都不起作用。

然后,我们开始关注他,试着清醒一点。为什么埃米利奥不愿让我们帮他洗头?因为他害怕水会弄进他的眼睛里。这才是真正的原因,如此简单。"埃米利奥,我们会非常小心,不会把水弄到你的眼睛里。"埃米利奥让我们给他洗头了。清醒意味着按照现实本身的样子去看待它。它意味着去除所有的威逼手段,直达事实的核心。

是的,孩子们就是有这种非凡的力量,能把我拉回当下。有时候,他们看上去好像是故意的。一天,我接到一个电话,是关于收税问题的,快把我逼疯了。我必须要找到一张收据,但我担心自己可能把它给弄丢了,那样的话我就得交罚款。我对自己怒不可遏,因为我的东西放得一团糟。我感觉自己受到了收税人的迫害,好像我要忙的事还不够多一样。我永远也找不到那张单子了。我在心里暗自嘟囔,心情像一团乌云在迅速聚拢。

乔纳森看着我,笑了。我仿佛是从很远的地方看着他,因为我还陷在自己思绪的乱麻中。我知道他在那儿,但我自己的忧虑更强烈。为什么我必须在这些无用的任务上浪费时间？它们会拖垮我，毁掉我的。乔纳森坚持不懈，他看着我，又笑了。我的忧虑开始消散。为什么我要在这些胡思乱想里糟蹋我的生活？我叹了口气。乔纳森又看着我，他在等待。他的凝视像一个我可以进入的宇宙，对我发出了公开的邀请。他再一次笑了。现在，我真的和他在一起了。顷刻间，乌云消散。欢迎回到当下，爸爸。

空 间 *Space*

"没有但是的爱"
在我们家成了一句格言。

在怀我们的第一个孩子期间,薇薇安和我参观了两个天才——莫扎特和达·芬奇出生时的房子。

在莫扎特位于萨尔斯堡的故居里,你可以看到他的乐器、手稿和肖像。尽管游客来来往往,我们总是设法去想象和感受他的存在。在芬奇镇,一家博物馆展示了达·芬奇发明的富于独创性的机器和机械装置,它们都是忠实地按照他的画作重造的:自行车、直升机、飞机以及其他一些东西。你还可以参观他的故居,想象达·芬奇小时候在那里玩耍、成长,开始沉思和创造。这真是一件令人兴奋的事。

这些游览充实了我们,让薇薇安的孕期变得更为特别。不过对我来说,它们也是象征性的。我希望在芬奇镇和萨尔斯堡接触到天才的奇迹。如果它们是传染性的会怎么样呢?我承认,内心深处我希望自己的孩子将来能成为另一个达·芬奇或另一个莫扎特。

不，我不是在自欺欺人。天才十亿人中才能出一个，但至少我的孩子是可能有天赋的，能够为艺术或科学做出独创性的贡献。我一直认为，人的大脑是一座富含奇妙潜能的矿藏，养育一个孩子就意味着去见证这种奇迹的实现。

用此种方式思考并无害处。实际上，如果我们每个人都承认自己身上有非凡之处，那么世界只会变得更好。但是，在我对待我未出生的孩子的态度中，有一种几乎是强迫性的野心，其中也包含着一种恐惧。如果我有一个平庸的孩子怎么办？多么可怕！不，我的孩子必须得特别，我要尽我所能地去帮助他达到这一点！我了解过关于如何激发孩子天赋的科学研究，并且等不及想要看到我的孩子实现自己的天赋。

可是，仅仅过了一段时间，我就意识到这些期望是如何让我变得迂腐并不堪重负的了。我看到埃米利奥的真实发展与我的幻想毫无关系。他有他自己的步伐、他自己的独立动力、他自己的命运。

埃米利奥几个月大时，我就获得了这个教训。我读过许多关于如何将孩子培养成天才的书籍，于是开始让他做新生儿体操。这种训练能刺激脑细胞之间的连接，书上是这样向我保证的。但是,尽管它许诺这会给孩子带来快乐的反应,可当我试着去训练埃米利奥时,我注意到他常常别过头去——这是宝贝表示厌恶的标志动作。他没有哭,因为我摆弄他时很轻柔,但是他也不热情。

我几乎没费劲就搞明白了:埃米利奥不愿意做这些练习。它们是一种侵犯,而他却没有办法自卫。我向后退了退,只是看着他,欣赏他那美妙的自发动作。像所有宝宝一样,他清楚地知道该以何种方式去做体操,并且比我教给他的体操要完整和自然得多。我看到埃米利奥就像他表现出来的那样状态良好,无须任何纠正,他的动作构成了自然的艺术表演,像海豚的舞蹈或猎豹的冲刺。

起初,觉察到这一点令人痛苦。毕竟,埃米利奥无法成为天才了。或者,至少我不能让他异常聪慧了。这个梦想无情地破灭了。但是随后,我感到了解脱。我从内心深处允许他成为他原本的自己,或许只是一个普通的孩子。我意识到,我无法控制他成长的过程。我也降低了自己的愿望,不再去做一个皮格马利翁(Pygmalion)。我成了一个纯粹的助手。这之后,我以他原本的样子去看待他——完全不加干涉。这就是优雅的状态,而不是焦虑和强制的状态。我享受生命这种简单的快乐。

我意识到，望子成龙是我的家族传统。我的母亲希望我成为一个超级成功者，从一开始，她就以不同的方式努力激发我的智能。我还记得她是多么自豪地给我讲"火车的故事"。当时我才两岁，坐火车时大声地朗读坐在我前面的人手里的报纸，车厢里的乘客们被惊呆了。

我母亲所有的期望对我来说都是重压，不管她多么爱我。即使现在，这么多年过去了，我有时候仍会有这样的感觉：我在过一种不完全属于自己的生活，我的生命过程由别人决定了。比如说，如果我有一个抱负，那么我不太确定它真的是我自己的。也许我是在努力满足我母亲的心愿，或者是某个人的需要，他（她）不再在我身边了，但是他（她）的期望却还活在我身上。我对埃米利奥正在冒险做着同样的事。

然而，理解这个教训离消化它还差得很远。在生活这所学校里，我是一个迟钝的学生，不得不多次学习同样的功课。4个月后，乔纳森9个月大了，开始学习吃东西，根据生长曲线表，他有点儿体重不足，而从直观的迹象来看，他健康状况极好——快乐而又充满生命力。但是作为一个焦虑的父亲，与我自己的眼睛相比，我更相信生长曲线表。当乔纳森吃饭时，我主要想的就是他吃了多少，吃得够吗？他吸收了多少蛋白质？这种食物会帮助他生长吗？

幸运的是，乔纳森处于另一片天地中。对他来说，吃饭是一场晚会。他不愿被塞进婴儿餐椅里——谁又愿意呢？他喜欢站起来，摇摆着；他吐出树莓，看他哥哥玩，和来访的小朋友嬉笑；拿食物给我，乱扔梅子干或蔬菜汤；讲故事，拳头里攥着一块香蕉，挤压，把它扔到我的头上；笑着，大喊着要水喝，用勺子表演平衡。当他真的把食物放进嘴里，味觉如此强烈，以致他的整个身体跳舞般摇晃起来，差点让他从餐椅中掉出来。

不过，我坐在他的前面，没有参与到他的晚会中。我在担忧：他到底吃了还是没吃？我只希望他能赶上生长曲线表。

然后有一天，我有了一个洞察。在某个片刻，当我没有特别期望什么的时候，一道缝隙打开了：我明白了这种表现。我明白了乔纳森并不把世界分门别类，对他而言，没有单纯地吃饭这类事情。吃饭也是跳舞、和人相处、享受、说话、学习万有引力定律、探索他的所有感觉和玩耍的时间，总之，也是同时做一切事情的时间。他的世界没有分类，浑然一体。我开始享受他吃饭的时光了，并期望着看到他下次的表演。

我学到了什么？只要我期望我的孩子有某种表现，我就紧张和焦虑，不能以他们原本的样子去看待他们，和他们在一起时也不能获得任何快乐。我变成了一个警察。但是当我放下自己的期望，我便与我的孩子接触得更深，我们都更开心了。

我也注意到我对别人施加给我的期望变得更敏感了。有些人希望我该如何表现，或者因为我没有如此表现而批评我，有些人则让我做我自己——这种关系一定是更好的。和那些并不把我放进紧身衣里的人在一起，是多么心旷神怡啊！而我也想这样做。我意识到，我可以有两种方式与人相处，期望或者是支持和欣赏。两者存在本质的不同，我慢慢地善于在两者之间做选择了。

我也意识到，当我对他人和自己有很高的期望时，我变得紧张而严厉，其中还夹杂着少许的恐惧——害怕自己会失望。当我只有较少的期望或者没有期望时，我就放松多了。因为我意识到我们都会犯错，每个人都非常不完美，并且很少有人恰好按照计划实现了目标。这便是谦逊的美德。批评和期望是冷酷严肃的，谦逊则温暖有趣，因为它让我们明白我们都是多么有限，让我们接受并微笑着面对这一点。生活中随时随地都会有麻烦发生：店员找错了钱还让我白等半天，我训练中心的同事出了差错，或者我的车钥匙又找不到了……批评武装就绪，准备立刻开火，但是我把它们乖乖地送回了营房。多数时候，笨拙点无伤大雅，生为凡人不必苛求。

我确信，这世上没有一个人不曾感受过别人的期望所带来的负担。"我希望你能像这样"，或多或少地被表达出来，渗透在人们的关系中。有时候，在一段友谊或爱情的开端，它是缺席的。在这段神奇的时光里，两个人仅仅是在享受快乐和互相了解。后来，义务、规则、需求、期望和负罪感，偷偷地渗透进来，"人生初见"的新鲜感消失了。

对任何人来说，背负着期望的重担而生活都令人疲惫不堪，尤其是对孩子而言。他们的性格处在形成期，比成人更易受到影响。但是，没有哪个孩子能免于这种负担。我总是看到这种情形在反复上演。快到埃米利奥的第一个生日时，我们参加了一次产前结成的小团体的重聚。所有的孩子都跟他同岁，但除了一个孩子外，他们都会走路了。那个还不会走路的孩子的父亲很生气。"醒醒！"他对那个可怜的男孩说，拉着他的手要把他拖起来，试图让他走路。那个孩子坐着，环顾四周，连一丁点儿走路的愿望也没有。但是他的父亲迫切地希望他能赶上别的孩子。

期望无处不在。"当个真正的男子汉！"男孩配上枪和摩托车，变成了小男子汉。"做个真正的女孩！"女孩涂上指甲油，变成了小妖精。因此，孩子们变成了漂亮的小摆设、有超级天赋的怪物、运动冠军，或者仅仅是听话的小木偶，从不惹麻烦，因为他们已经半死不活了。

期望就像古代中国女人不得不穿的小鞋子，她们因此必须把脚裹小，以摇摆的步态去取悦男人。她们成功地博得了男人的认可，但是付出了怎样的代价呢？同样，期望会阻止孩子按照自己内在的规律发展，因为它是从外部施加一个武断的标准。这就好像我潜入了我的孩子们的内心，在那里建立了一个司令部，我通过他们去过我自己的生活，剥夺了他们所有的能量。想想看，有一支军队占领你的生命，你会有何感觉？一个孩子处于过度的或不恰当的要求的重压下，必然会拒绝或掩盖他自己的冲动和兴趣、价值观念和思想。他觉得它们都不够好。他想要讨人喜欢，并努力满足那些要求。他不信任自己的判断，甚至不知道自己是谁。

当我激励我的孩子向我希望的方向发展时，实际上是在阻止他们成为自己。同时我也阻止了我自己成为自己，因为我不再活在自己之中，而是活在我的孩子之中，从而失去了我的自我。期望他按照某个方向发展是一件费劲的事。把我自己安插在他的身体里，以指导他的生活，这导致我离开了自己。当我脱离了自己的生活，我也容易受到伤害。因为我把所有的赌注都押在了超出我控制的事情上，这是一场注定要失败的游戏。

一天，我带埃米利奥去公园，期望他能到处跑跑，探索一下那些运动器材，锻炼锻炼肌肉，并和其他的孩子交交朋友。但是，他脑子里装的却是另外一回事。他站在一个角落里，假装自己是一列火车。做这个游戏时，他把一只手搭在一根双杠上顺着双杠奔跑。他假装自己的手是火车，每到一站就停下来。当我把两根手指放在他的手上，就代表我上了火车。我是唯一可以上下车的"乘客"，而且这个游戏还不能在别的地方玩。

其他小朋友在玩秋千和滑梯、扔球、爬梯子、坐旋转木马，快乐地到处跑来跑去，但是埃米利奥没有。他就是一列火车，一个小时里前前后后，从一个想象的车站驶向下一个想象的车站，而我必须把两根手指放在他手上跟着他，如果稍微一分神就要灾难临头。

时不时有小朋友和他们的父母看向我们这边，好像在说，他俩究竟在干吗？我只能报以尴尬的微笑，意思是：哦，他只是个孩子。我想着，这应该是个雨天在家里玩的游戏，因为埃米利奥失去了一个锻炼身体和去社交的好机会。我很想说，你为什么不像别的孩子那样去玩？为什么你不像他们？

但我克制住了自己。我认识到，如果那样的话，我就是在阻止他按照自己的方式去玩，阻止他成为自己。我们去科学博物馆，他只是在那里乘着电梯上上下下。埃米利奥拒绝做我认为他应该做的、每个人都在做的事，起初，这使我很不安。但是，创造性本来就包括遵从一个人最初的冲动。为什么有创造性的人总是看起来举止怪异甚至可笑，原因就在此。孩子们完全有能力表达他们的创造性，只要我们不强迫他们按照大人的方式去思考——这种约束是大人欣然接受的，并称之为"成熟"。

我跟埃米利奥玩起了火车。谁在乎别人是否觉得我们奇怪呢？现在我已经习惯了。我完全按他的方式来玩，毫无保留。我信任他，因为我感觉到他的身心发展是由他自己的智力所掌控的，最好听任其发展，我或别人都在生活这所学校里,我是一个迟钝的学生,不得不多次学习同样的功课。

不要去干扰。我不再试图操控他怎么玩了，并且明白了他为什么想要这样玩，而不是以任何其他方式玩。我重新发现了游戏的乐趣。

如果我只是试图把自己的期望强加给孩子，我最终会把快乐转变为强迫。有的父母就对此乐此不疲。我遇到过一些孩子，对他们来说，拉小提琴是一种折磨，踢足球是一个噩梦，跳舞是强迫性劳动。朋友、音乐、书籍、运动、艺术、剧院，所有这些都可能变成可怕的魔鬼。我们以最好的意愿让孩子去学习，却教会了他们在未来的生命中痛恨这些东西。

当我们搬到乡下居住时，在这些千篇一律的教育方式外，我有了一个重大发现。搬到乡下住是我们生活方式的一次巨变。我决定远离城市里的汽车尾气，让孩子们在大自然、阳光和新鲜的空气中长大。我们找到了合适的房子，现在要去实现我们热爱大自然的理想了。

然而，令人沮丧的是，我们很快便发现埃米利奥对新鲜空气一点儿也不感兴趣——"不喜欢外面"。在我们看来，这个孩子脸色苍白，他需要一天至少两小时的户外活动，在阳光下奔跑和跳跃。因此，我们尝试了一些小把戏，诱惑他到户外去。但是埃米利奥好像有神奇的本领，总能识破我们隐秘的意图，从不落入圈套。接近大自然和新鲜空气变成了一种强迫。

幸运的是，薇薇安和我意识到了自己的错误，我们立刻停止了这种做法。现在埃米利奥收集树叶和浆果，在户外奔跑、跳跃，观察果实的成熟过程，与动物交朋友，留意月亮的周期和气候的变化。但是所有这些，都只限于他自己想这样做，出于他自己的兴趣和爱好，而不是我们的意愿。

为什么我对孩子会有这样强制性的欲望，想要他实现我的期待呢？后来我明白了，我是在试图通过他们实现自己所有未曾实现的梦想。

在我的生命旅程中，尽管我对许多领域感兴趣，但我专攻的只有哲学和心理学。到目前为止，虽然我度过了充实有趣的时光，但我却并不满足于此。有时候，心灵世界看上去模糊不清，我的工作似乎太过主观，我会去想，钻研科学该多有趣啊——比如说生物学或者天文学，它们如此精确，如此清晰可靠。有时候我又想，探索艺术世界该是多么奇妙。我感到自己的生命很不完整。

我知道，这种不完整感说到底是生命的一部分，永远也无法克服，除非在某些罕见的时刻可能逾越。但是这样的想法并未让我感到安慰，我的不满足感依然存在。而最自然的排解渠道，是将我的孩子引导到这些兴趣上去。因为我知道它们是美妙的、值得去做的。

那么，这就意味着我试图通过自己的孩子去实现自我。这听上去似乎可怕，不过事实的确如此：我利用我的孩子去满足自己的愿望。只要稍加思考，你就会同意：这项任务既不公平，也不可能。这是一种心理上的寄生状态，会伤害到所有牵涉其中的人。如此一想，我万分惊恐。我的孩子必须去过他们自己的生活，而不是我的生活。当然，我会让我的孩子接触艺术和科学，但是，是自由地去接触，是作为一种可能性而不是一定要按部就班的固定轨道。当然，更不是为了消除我的挫折、错误和不满足感。

我返回自身，独自面对自己的不完整。正是对待孩子们的方式，让我看到了自己的困境。我认识到了自己的局限、错误和不安全感。或许，我甚至认为自己很失败，荒废了我的生命。

但是我又意识到，正是错误和不满帮助我去学习，去反复尝试和提高。在某个快乐的时刻，我瞥见了接受本来的自己的可能性——不完整的、对自己的错误负有责任的、有时平庸乏味的自己。这些似乎都被编织进了一幅巨大的挂毯中,我在其中开始能够感知到一些东西了。一种极大的宁静弥漫在我的生命中,我的焦虑消失了。

我开始用一种不同的方式去看待我的孩子,感到自己能够从他们的立场来重新衡量生命。乔纳森为一块鹅卵石着迷,把它拿在手上转了好几圈;埃米利奥平生第一次观看室内交响乐团的演出,陷入了无言的惊奇。我快乐、温柔地看着他们,不期望他们任何东西;既不批评他们,也不将他们和别的孩子比较。按照他们本来的样子接受他们,我感觉到了自由。

我也一点点地发现了爱的新方式。毕竟,如果我同时希望我的孩子与众不同,怎么能说我是真正爱他们呢?埃米利奥纠缠他的弟弟,他捏弟弟的脸颊,推他,戳他。乔纳森通常从容地接受这一切,甚至有时还笑起来。不过,有时候他也会哭喊。这种情况处理起来相当需要技巧。我不想让埃米利奥感到丢脸,他妒忌他新生的小弟弟——几个月前才来到世上。我对他说:"亲爱的埃米利奥,我很爱你,但是你一定不能再作弄乔纳森了。"埃米利奥看着我,笑了,说道:"我知道你要说'但是'。"

多么有益的教训!我爱他,但是……于是,我设身处地地从埃米利奥的角度思考。对他来说，适应这个人见人爱的小弟弟该有多艰难啊。不再是关注的焦点该是多艰难啊。规则是重要的，但是可以等等再说。我把它延后了。我发现了不带附加条件地说"我爱你"意味着什么。多么大的解脱啊！我过去的爱的方式现在看来不过是乏味的讨价还价：我给你A，以换取B。我爱你，如果你做到B的话。相反地，现在我爱你，我的身体里没有一个细胞在说"不""如果""但是"。我感觉到了完整。我对埃米利奥说："亲爱的埃米利奥，从现在起我会爱你，不再说'但是'。""没有但是的爱"在我们家成了一句格言。这并不意味着我们允许埃米利奥去为难乔纳森，但奇怪的是，自从我开始不带"但是"地去爱他，他就不再去招惹弟弟了。

如果用一个词去总结所有这些发现的话，我会说"空间"。我们时常侵占别人的空间，告诉他们应该做什么，为他们制定计划，谈条件，批评并勒索他们。可是，多给别人尤其是孩子空间，是多么仁慈啊——让他呼吸，只给他真正需要的支持。当我们给别人自由时，我们也能感到更加自由；如果我们给予别人空间，我们也会感到自己的空间更广阔。

过去 *The past*

在此时此地,过去扮演着大盗的角色,
以精神和情感习惯的方式重复着自身,
剥夺了当下的独特性和新鲜感。

我们在海滩上，一个 3 岁的女孩想和埃米利奥交朋友。埃米利奥有点局促不安，但又有点喜欢这个主意。埃米利奥对该做什么有些不知所措，他坐下来，用拳头击打着沙子。那个小女孩对他报以微笑，立刻照着埃米利奥那样做了。接着，埃米利奥感觉自在一些了，他站起身来，再次把拳头打在沙子上。女孩也再次照做了，好像在说：看，我多么像你，我们可以成为朋友。直到这时，埃米利奥终于放松地笑了。他们继续着，女孩打了一拳，埃米利奥也打了一拳，他们完全同步。然而，就在他们的友情仪式正在进行的时候，那个小女孩的母亲走了过来，说道："来吧，我们得走了。"于是，那个小女孩不得不跟着妈妈离开了，最后向埃米利奥投过来悲伤的一瞥。

是什么让那个女人打断了如此美好的友情仪式？半

小时后，我看到她和她女儿还待在海滩上：她并不是真的要走。或许她不喜欢她的女儿以如此原始的方式交朋友，或许是她觉得好女孩不该与陌生人交谈，或许她对埃米利奥赤身裸体感到不舒服（她的女儿穿着一件漂亮的蕾丝边泳衣）；不管怎样，她都把她那冷淡的态度传递给了她的女儿，小女孩在自己将来的生活中可能也会把这种态度保持下去。多么令人遗憾！

然而，这样的事情并不罕见。实际上，它是我们和孩子一起生活的基本构成。有一则著名的巧克力酱电视广告：在安静温馨的氛围中，一位妈妈对她的女儿说，"我小的时候，我妈妈就用这种巧克力酱为我涂面包，就像我现在为你做的一样。"同样的事也发生在神经官能症上。我们成人会把我们的神经官能症、态度、习惯、偏见、言谈举止和情结传递到孩子的日常生活中。因此，我们的孩子成了我们自己的一种再生品，正如我们是父母的再生品一样。我们的父母亲到底有多少东西存活在我们身上？比我们想象的要多得多，尽管我们可能觉得自己是多么叛逆或富有创造性。从这个角度来看，家庭是一门生意，其首要目标是通过代际相传来保存自身。

让我们从最基本的层面开始吧。我曾经有个非常有趣的叔叔，很受孩子们的欢迎。他喜欢变魔术，开一些小玩笑，比如给人塑料蛋糕，或者是手里藏着一个小玩意，当你和他握手时会受到微小的电击。不过，他也有个烦人的习惯，他会把手指冲着我们呈螺旋式前进，最后用力戳在我们的腹部上，同时嘴里发出响亮的嘶嘶声，听上去就像是我们的肚子漏气了一样。

这个举动让我非常恼怒。我讨厌那种手指戳在我腹部的方式，这是一种对我的身体空间的入侵。但是我什么也不会说，因为害怕冒犯了我的叔叔。有些小的调笑手段，像挠痒痒或戏弄，所有的孩子都遭受过；但如果这些同样的举动用在成人身上，就会被看成是极端无礼的行为。令我吃惊的是，我很快就发现自己也在对埃米利奥开着相同的玩笑。我戳他，他往后退去，羞怯地笑着。当我意识到自己在做什么时，问他是否喜欢这样，他回答说不喜欢。尽管如此，仿佛被一个自动马达驱动一样，我又重复过几次那样的玩笑，然后才最终停下来。

因此，即使是最轻微的举动，经过多年之后其影响也会浮出水面。我们处理的不仅是言谈举止或愚蠢的恶作剧，还有精神习惯和态度，甚至是整个生活方式。我在检阅自己的笔记时，发现了一个"超市"的例子。埃米利奥觉得他已经跟在我和购物车旁边够久了，决定顺着通道跑开。他边跑边笑，这个"躲猫猫"的游戏很有趣。"所有的好事都有结束的时候"，玩了一会儿这个游戏，我对埃米利奥说。就像海滩上的那位妈妈一样，我告诉他该走了。但是对一个孩子来说，所有的好事都应该继续再继续。他脸上带着顽皮的笑容向我挑战："爸爸，让我们来玩失踪吧！"

"万一我们真的找不到对方了怎么办？"

"不要紧。"他回答道，跑开了。

我附和着，但过去的焦虑一个接一个冲进我的脑海：超市里的人会心烦的；这地方太大了，真的会走丢的；大家都在注意我们，为什么我不能让埃米利奥服从我一次？我过去所有的条件反射都强烈地想要表现出来。但是我没有向这些过去的声音屈服，而是继续和埃米利奥玩游戏。我没有把埃米利奥带进我的世界，而是让他把我带进他的世界。我赢了。实际上，尽管有顾客投来一两眼厌恶的目光，但我依然感到了快乐和自由，因为我摆脱了过去的牵制。在内心深处我依然是个孩子，被告知要做个好孩子，不能在超市里乱跑；当然，遵守规则值得赞美，但是或许我太拘谨了。在这个例子中，一个自由的孩子——埃米利奥，解放了一个被拘禁的大人——我。

再举一个例子。我和埃米利奥一起在攀爬岩石，当我在岩石间小心谨慎地跋涉时，他跳跃着，脚步灵活而轻盈。我已经可以想象出他跌倒、被划伤和弄出淤青的场面了，但我什么也没说，因为我不能忍受别的父母的那些做法，不断地提醒他们的孩子："当心！""别碰那个！""回来！"那种方式确定无疑地会培养出胆小拘谨的孩子。担心孩子受伤的痛苦喊叫声一代代地回响着。

尽管这种担心很难放下，我还是设法控制了自己一会儿。但是当埃米利奥抵达最危险的那块岩石时，我累积起来的所有焦虑爆发为一声大喊——"停！当心！"至今我依然能够看到当时那个情景在我眼前以慢镜头回放着。埃米利奥的身体，直到那时为止都运转良好，突然有了一下短路：他紧张起来，失去了平衡，跌倒了。他哭起来——我认为，不仅是因为他弄伤了自己，还因为我把自己的恐惧传递给了他。

显然，如果埃米利奥是真的在冒险，我应该提醒他。但是并非如此。我仍然是焦虑的，和我小时候身边的那些成人们一样。我处于焦虑的牢笼中，这一次我把它延

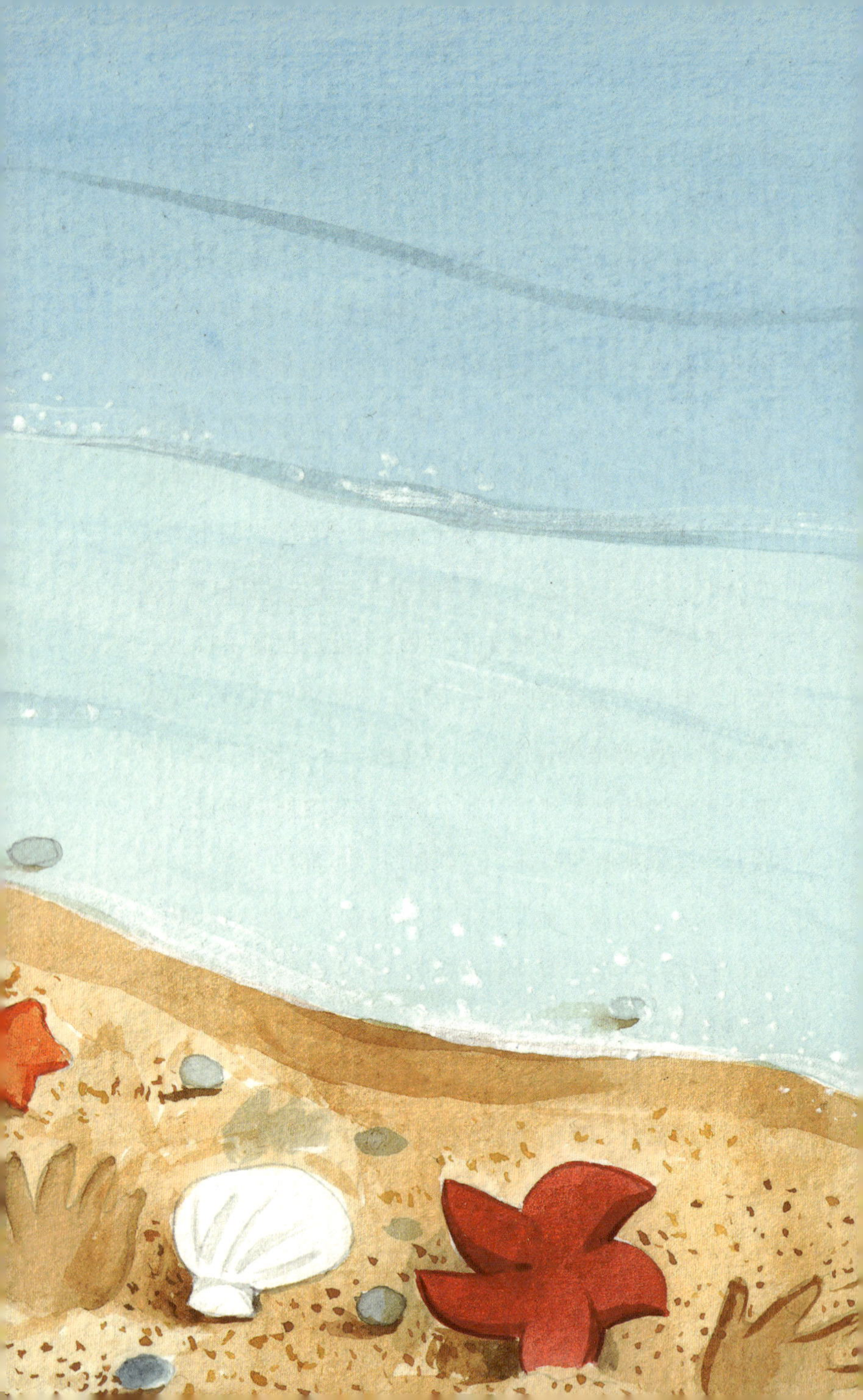

当我们和孩子们一起生活时,我们重新体验了自己的童年。

伸到了埃米利奥那里。

我们在所有的层面上把整个感情和行为传递给我们的孩子：害怕蜘蛛，性方面的羞耻感，对待食物、财产和金钱的态度，对死亡的恐惧，等等。这种传递不用解释就发生了，其中并没有明确的内容，毋宁说是一种渗透。一种性格品质或一种习惯并不是打成包送给我们的，而是通过感染传递给我们。

我们的个性有多少实际上存留下来了？毕竟，我们的个人成长就是我们不同于别人的所有方面的表现——我们与众不同的风格和独特的贡献，我们的个性。但是我们常常未能成长，个性便潜隐在一种并非我们自己的人格之下。因此，我们从一代到下一代重复传递着习惯。

在此时此地，过去扮演着大盗的角色，以精神和情感习惯的方式重复着自身，剥夺了当下的独特性和新鲜感。在一个每时每刻都是崭新的宇宙里，我们最终仅仅是制造了模仿，因为重复比创造更容易。这让我们感到更安全，更易为别人所接受。

养育一个孩子，使我们对上面的事实留下了最为强烈的印象。我们及时地学会了与自己大大小小的神经官能症共处。它们终生陪伴着我们，以致我们认为它们理所当然，甚至忘记了它们的存在。虽然我们自己看不到，别的人却能一目了然。但是当我们把它们传递给另一个无辜的、易受影响的人时，它们对于我们就也变得显而易见了。它们常常以精确到令人尴尬的方式展现在我们面前。

例如，一天，我和埃米利奥在一个游乐场里，当其他孩子带着轻微的敌意来到我们近旁时，我感到了一种奇怪的不安。我意识到它是过去恐慌的回声，并突然回想起童年时代一段被遗忘的往事：一桶沙子倒在我头上，被侵犯的感觉，孩子们之间那个争强斗狠、粗鲁原始的世界。这就是我的过去。虽然我没有说一个字，却以某种方式把它传递给了埃米利奥。也许它是通过一个察觉不到的手势完成的，也许是我们共同的无意识中某个细微的具有移情作用的共鸣起了作用。埃米利奥对此显然无能为力，但是我却不一样。我的过去回到了我这里，我既可以让那种恐惧复活，也可以克服和弥补它，并因此改变我自己。我不再干扰埃米利奥的反应，而是选择了退避。埃米利奥可以对付这些孩子，也许他们说到底并非怀有敌意。事实上，结果真是如此。

这是父母们共同的经验：当我们和孩子一起生活时，

我们重新体验了自己的童年。这通常是有益的。乔纳森在吃蔬菜汤时，我回想起小时候在家里厨房的灰色大理石桌子上吃过这种同样的绿色蔬菜。它全部回到了我的记忆中：汤的味道，加在上面的一匙金黄色的橄榄油，当时那温暖的热气。当埃米利奥在设计一个火箭时，我回想起我和朋友们曾经设计过的火箭，回忆起当时的兴奋、冒险和快乐。我认为这是养育孩子所具有的重要启迪之一。随着孩子的成长，我们重温了自己的过去，再次踏上了我们曾经走过的路，因此我们再次感觉到了自己的根，理解了我们是如何变成了现在的模样。

然而，我们的过去并不是只有美好记忆，它还充满了大大小小的创伤、挫折、意外和幻灭。这些事件并不像电脑文件一样被存储着，相反，它们继续存活着，并为我们当下的生活注入更丰富的色彩。在游乐场上，我重新体验了过去的一个事件。当时我面临着两个选择：以胆怯的、拘谨的态度任过去重复自身，并冒险将恐惧传递给我的儿子；或者，活在当下。我选择了活在此时此地。孩子们通过让我们暴露多大程度上还活在过去的方式，将我们带回到当下的生活中。如果说过去是我们的枷锁，孩子们是帮助我们打破那个枷锁的最佳人选。

在这些场合中所展现出来的性格，并不总是由父母传递给我们，也可能是我们自己的幼稚性格，我们从未正视过它们，也并未完全意识到它们，但它们却控制着我们的生活。现在我们的孩子将它们展现出来，于是我们能够清晰地看到它们了。

我和埃米利奥在一家食品杂货店，杂货店的店主正在全神贯注地切着火腿片，埃米利奥被我抱在怀里，他指着店主问我："他叫什么名字？"我回答说："你自己问吧。"埃米利奥问了，但或许是因为感受到了我的羞怯，他的声音很微弱。店主继续干着手里的活，看上去好像更严肃了。你不该去问某个正在工作的人一些私人的、不相干的问题。我一定不要去打扰他。然后我意识到了：此刻，我是一个胆小的孩子，置身于危险冷漠的成人世界。我作为一个孩子所感受到的那种羞怯变成了一个恒久的伙伴，我已经认为它是理所当然的了。但突然间它不再是这样了，成了我必须要妥协的一个非常坚固的、明显的障碍。然而对埃米利奥来说却不同，他正面对这个世界学习如何与人建立关系。我应该怎么办？如果我说我们千万别打扰那个男人，我就肯定了我的羞怯，并把它传递给了埃米利奥。于是，经过一番努力，我感觉自己像个傻瓜一样问那个男人："请问，你叫什么名字？"他看着我们，有点困惑不解，然后笑了，不仅告诉了我们他的名字，还顺便开了几句玩笑。整个情形变了，我向儿子证明了别人并不是怪物。我是如何做到这一点的？我自己以前难道不明白这个道理吗？

这件事改变了我。这当然不是说我敢去商店里到处问别人的名字了，而是当我和别人在一起时，我感到更自在了。我能够从一个新的角度去看待我和他们之间的互动了。随着我自己的放松，我也能更加理解社会中传统的意义，那就是以它们原本的样子去看待它们：我们如同孩子一样获得有用的习惯——而非令人恐惧的义务。

乔纳森让我更进一步。像许多婴儿一样，他拥有一种与他人建立联系的非凡能力。这是一种天赋，作为成人我们常常部分地丢掉了它。我已经遗忘了这种能力，在我与别人的联系中通常带有功利的成分：我们聚到一起是为了能做点什么。设立一些预先定好的目标，是对他人的有力防御。我几乎忘记了一种关系本身可以是多么有益和令人愉快了。

而乔纳森才18个月大，对此还一无所知。他在公共场所——公共汽车、电梯、火车站、邮局——等候的队列中走来走去，兴致勃勃地观察着人们，以热烈的目光注视他们，以致他们简直不能忽视他。有的人变得喜悦，你可以看出他们感到荣幸；有些人则很窘迫，甚至是害怕。但是他并没有放弃，他长时间地盯着他们，对他们微笑，挥手，跟他们玩"躲猫猫"。最后，即使是最拘谨的人也被他征服，放松了下来。

在这个游戏中，绝对没有什么功利的东西。他似乎在说"我们在这里""多好啊！"我可以看出他享受着此刻与别人建立联系、与我在一起的单纯关系。他在研究我，仿佛在问"这是什么？"我告诉他"这是爸爸"，他笑了。能够挥别我所有的忧虑，仅仅是和乔纳森在一起，是多么美妙啊！

我们在火车上，乔纳森走来走去探索着。最后，他盯上了一个半睡半醒的男人。乔纳森站在他前面，看着他，并用手指指着他。那个可怜的男人有点儿不自在，我则陷入了惊慌。乔纳森违反了我心里最古老的社会禁律，我甚至不知道这些禁律从哪里来，但它们却存在着：你不能去侵犯别人的空间，不能前进到那一步，最好在我们所有人之间保留一层面纱；它使我们的感情变得迟钝，但也隐藏和保护我们。然而事实并非总是如此。

经过片刻的紧张后，那个男人放松地笑了。突然，我想起了我一直都知道的道理：与人相处是一种快乐，我们可以互相享受这种快乐。

是的，孩子的世界太急迫了，容不下我那些虚假或过时的东西。我不是说我已经把自己所有不必要的童年时期的观念都清除了，而是，是我的孩子让我看到了它们全部的荒谬和源起。从前，过去留存在我身上，像一只无声无息的寄生虫，我并不知晓；现在，它看上去似乎已经无用，干枯了。它是一块化石，应该像其他化石一样，最好被放到博物馆里。

身 份 *Identity*

如果我们想要成长,
就必须放弃角色的可靠保护,
外壳必须裂开。

每天上班前，我都会和埃米利奥玩一会儿。有一次，他在我额头上贴了一张图片，图案是一个小丑在吹喇叭。他被逗乐了，我们也都笑起来。过了一会儿，我说了声"再见"便去上班了，那个额头上的贴片被忘在了九霄云外。

那天来找我做心理治疗的顾客们什么也没说，但我看得出他们的表现都很有趣，所有人都是如此。由于一些神秘的原因，我所做的治疗比往常要好：他们很快乐，无拘无束。傍晚我开车回家的路上，才意识到那个贴片还贴在我的脑门上。我想应该以这种方式来描述它：埃米利奥撤除了我的职业角色。

我是谁？我是一个心理学家，一个丈夫，一个父亲。这是我惯常的身份，我也是这样向别人介绍自己的。这是一种速写，像我们所有人一样，我在日常生活中也经常这样使用它，以避免混乱。角色是实用的：我不需要坐下来，在每个场合讲述我的人生故事。角色使事情简化：比如我去看医生，我知道她的举止不会像一个推销员。角色也使人安心：如果我有一个角色，我就是某个人。这使日常生活得以正常运行。

不过，也有一个问题，我们依附着自己的角色成长，最终会误把它们当成我们真正的身份。这个虚假的不完全的自我掌管了一切，我们则变成了外壳，神秘的、创造性的灵魂丧失了。

角色是可预期的，类型化的，它们不是我们本来的样子。我们比我们的角色更富有原创性，也更丰富有趣。如果我们想要成长，就必须放弃角色的可靠保护，外壳必须裂开。透过那个缝隙，我们将会瞥见一个更加丰富而有活力的世界。

这也是我们的孩子进入的地方。为什么？因为他们有一种非凡的才能，能击破我们的角色。看到自己的角色破碎是一种深刻的体验——有时觉得痛苦，有时觉得好笑。比如，有一段时期，每当我接电话埃米利奥就会很愤怒。我能理解他的挫折感：我每天傍晚才回家，一整天没有见到我，他希望我陪着他而不受任何干扰。我正在给他读一个故事,电话响了,一次、两次、三次、四次……这对埃米利奥来说是不公平的,但是我必须去接,因为这是我工作的一部分。因此他开始报复,尖叫起来,或者摁电话上的按键,使得任何对话都显得荒谬或不可能进行下去。

电话线的那头到底发生了什么?可能是我的顾客,或者更糟,是我的潜在客户,带着未知和忧虑第一次给我打电话。当他们听到话筒这边一片混乱时——埃米利奥试图按下按钮时我与他的混战、他愤怒的尖叫、电话摔到地上——他们会做何感想?有一次,我试图阻止他靠近电话,他故意使坏地大叫了好几遍:"你弄疼我了,你弄疼我了!"于是正在与我通话的潜在客户匆匆道了别,再也没有打过来。

每当他这样做时,我整个的职业身份便陷入了危机。这种时候,我感觉自己被剥光了。我作为能干的心理治疗师的角色,以及安定、和谐的生活开始乱套;就像我正工作时突然发现衣服上有我儿子的口水印一样,我立刻变得更有人情味、更脆弱了。我意识到,我的客户对我的感觉与之前完全不同了。

对我所从事的工作来说,我的自我暴露也许是有益的。然而这里的关键却是，我的职业面具破碎了，它提供给我的安全感也消失了。现在，我的防护更少了，这迫使我开始以不同的方式来看待自己。

我的另一个角色，也是我特别依恋的角色——作家，受到了同样的冲击。当我还是个单身汉时，很多年中只要时间允许我都会写书——虽然只写了几本，但都是我关心也做过研究的领域。我时常会留出一整天的空闲时间来写作。作为一种惯例，我只使用白纸、削得很好的铅笔和电脑，靠近窗户的玻璃桌上必须空空荡荡一尘不染，映照着窗外的天空。

然后，我向缪斯女神敞开欢迎的大门。我写作，并且觉得它很重要。我感到有一些话要对世界说。

现在的情形却是如此不同。玩具上的零件、饼干渣、埃米利奥的绘画、保姆的发夹、上周没有读过的报纸、乔纳森的小摆设、我无暇回复的信件、购物单、鹅卵石、浆果、吸管、奇脏无比的电脑屏幕……这便是我桌上的风景。忘掉天空吧。

这样的日子里，留给我写作而不被打扰的唯一时间是清晨。我就指望这段时间了，直到一声专横的哭声从卧室传进我的耳朵。一天开始了。父亲登场。伟大的作家消失了。

那么性别角色怎么样呢？一些研究成果指出，做父母会强化一个人的性别身份：男人会变得更男人，女人会变得更女人。但对我来说却非如此。我变得更有女人味了。实际上，我意识到，除了几项生理功能外，比如生孩子和喂奶，我与薇薇安基本相同。只要我们愿意，父亲和母亲同样都能爱孩子，能保护、养育、激励、引导他们，能和他们一起玩布娃娃或玩具火车。成为父母让我克服了两性间人为的界限。它让我接触到一些传统上分配给女人的行为和情感——养育、柔情、呵护。在我们的社会里，男人通常与此无缘。

我注意到这个变化是某天在游乐场上，当时我和几个妈妈在谈论最好的纸尿裤品牌，突然一股焦虑涌上心头，我感到了一种强制性的欲望：我想要跑开，跑去做那些专属于男人的事情——不管是什么事情。

但是我等了等。焦虑是我职业的主要对象，我需要直接面对它，观察它，因为我知道它可能隐藏了一个令人惊讶的症结。确实，我揭开了内心那个我并不知晓的隐秘世界：这部分的我能够在日常琐事上关心别人，能够放缓脚步，能够看着一棵小树一天天地长大；通常接触的是生活中不太显著但深刻的方面，有着不带隐秘目的的热情、关心和温柔。如果你愿意的话，可以把它称为女性的一面，但我宁愿不去命名它，而是仅仅把它看成是我的另一部分自我。

我的发现非常丰富。一天，我得了肾结石，这是一段短暂却痛苦的折磨。我的情况是，它的结果并没有我感觉的那么严重。救护车把我送到了急救室，虽然身体还在疼痛，但我已经感到不耐烦了，等不及想要出去。很大程度上，我把肾结石看成是普通感冒，只需要几个小时就能摆脱它，当天傍晚就能回家。但 10 年前却并非如此。当时也是同样的情形，但我吓坏了，把所有的活动暂停了两个星期，亲友接二连三地来劝我放心，并告诉我我不会死。

现在我根本没有时间担心自己了。我身处前线，需要照顾别人，根本病不起。我不再会被一些小不幸击垮，并且感到自己的恢复能力更强了。这是我的另一面自我，我与之失去联系太长时间了，现在很高兴又与它重逢了。

所有的发现都是有用的，尽管它们可能并不总是令人鼓舞。例如某一天，我发现自己并不像我曾经认为的那样是个自由主义者。我一直相信，我在养育孩子方面我们依附着自己的角色成长，最终会误把它们当成我们真正的身份。

是民主的。许多人批评我太纵容孩子，每个人都不厌其烦地对我说教，说要对孩子加以限制，但这些观念却一直让我不舒服，它们听上去不过是令人难以接受的陈词滥调，而我喜欢我的孩子无法无天任性而为。如果他们能自由地表达他们的想法，我会为此感到高兴。在我看来，循规蹈矩是人类犯下的诸多恶劣罪行的基础。

但一个令人惊讶的发现在等着我。原来，我认为自己怎么样和我真的怎么样根本就是两码事。有一阵子，我和埃米利奥之间冲突不断，他从不按我说的去做。"洗洗耳朵！""不！""该穿衣服了。""没门！""走吧，我们要迟到了。""你走吧！""来吃晚饭。""我不！"我的民主、宽宏大量的性格开始动摇，怒气顶了上来了。在许多类似的情形中，我发现自己会说"你必须按照我说的去做，就是这样"，如果埃米利奥不立即服从，我就会感到被冒犯了。对于这种令人吃惊的无礼行为，我的心头涌出了惊讶：他怎么胆敢这样？！

当一切都运行良好，我是一个无政府主义者和一个自由主义者，但是当事情失去控制，我便选择阻力最小的路线：专制。对于埃米利奥，我通常是随和的；但当我匆忙、疲倦或恼怒的时候，我就突然转向更为旧式也更为根深蒂固的做父母的方式：做一个权威者，决定一切而从不解释，肯定自身而不允许妥协。总之，一切必须照着我说的去做。

是的，我们都会设法看到自己的优点，但它们只能构成我们是谁这一现实的一小部分。月亮可见的亮着的一边平静地发着光，但是别忘了那黑暗的部分。我们得知道两边才算全面。

就拿生气来说吧。我曾对埃米利奥感到过愤怒，那是我从未体验过的强烈的愤怒，它的强度让我吃惊。我通常认为自己是个相当理智的人，但是对埃米利奥——我如此深爱着的儿子，我有时感到一股火山爆发般的怒火从身体里喷涌而出。乔纳森太小了，还不至于激怒我，但是却完全能让我发疯。比如他每隔20分钟就醒来一次，从一个安静的小宝宝变成一个令人不解的谜。

其他的情感也是如此，比如沮丧和绝望。有时我感到自己的自由被剥夺和侵犯了，我被困在一种不属于我的生活里。我感到自己丧失了自我，是这种我自己帮着创造出来的生活的俘虏，是无止境的、吃力不讨好的、无意义的劳动的奴隶。我相信自己在养育孩子方面失败了。就像一场噩梦，我看到了自己的未来：我的儿子们变成了罪犯，或者在我年老时他们遗弃了我。我甚至想象了自己死亡或无影无踪消失的情景。这些都是情感的深渊。

幸运的是，我没有把怒火表现出来，我也不是真的绝望。不过这些情感是存在的——崭新、强烈，有时甚至令人恐惧。我的孩子们使我接触到了我从来不知道的那部分自我。我知道我必须了解自己这些可怕和暴力的一面，这才能更接近完整。

尽管我有时生气或不高兴到了极点，但是和孩子们在一起，我也获得了极大的爱与欢乐。它们棒极了，即使只有片刻也抵得上若干年的怀疑和失望。这也是实情。我安顿乔纳森去睡觉，像我们经常做的那样，我们会听莫扎特的一曲柔板。我紧紧地抱着他，轻轻摇着他，他完全顺服了。这是生活所给予的特别馈赠之一，我的内心充满了感激。或者，看看埃米利奥吧，他金色的卷发，他顽皮的笑容，他精致的五官，我被他的美打动了。有时候，只需要埃米利奥或乔纳森的一声笑、一个词、一个手势，他们熟睡时的景象，或者和他们一起玩上半小时，我都感自己达到了如此完满的幸福状态，甚至死而无憾。

我感觉自己在另一个维度上展开了：不仅在灵魂的

深度和高度上,而且也在时间上。在有孩子前,我感到自己像一个与历史分离的实体。直到现在我才意识到,我是世代更替中的一环,在人类的大家庭中,这个更替已经持续了成千上万年:我们出生、我们成长、我们生殖、我们变老、我们死去,然后我们的孩子重新开始这个循环。一个永不停歇的轮回。

有一天我吃惊地意识到了这一点。那天,埃米利奥生气了,因为我不让他用我的照相机,他便说我死了他就会占有我所有的一切。当我还没有结婚和没有孩子时,我只是一个大孩子,没有人会阻挡我的路、扬言要接管我的东西、接替我在社会上的位置——去玩乐、创造、享受生活,而我则化为尘埃。而这一刻,我突然意识到自己面对着勇敢的新一代。我陷入极度的痛苦之中。

但是很快,我平静下来:我看清了自己在比我大得多的存在链条中的位置。我感到自己与那些先我而来者联系在了一起:父母的一代是我清楚了解的,祖父母的一代则只是一些模糊的记忆,曾祖父母的一代有时父母亲曾谈论过,还有那存在于遥远过去的祖先们。我想,也许我也要成为一个祖父,并想象我可能与我的孙辈们的关系。我想知道他们所生活的那个不同的世界,也许被生态灾难破坏了，也许更开放和谐。反过来，我也思考世界对于他们的孩子会变成什么样子，而对他们的孩子而言，我将只不过是一个遥远的存在。

我自己的某些方面——某种思考方式、某种品质或某种习惯——将会在我的后代身上存留下来，尽管他们并不清楚这一点，正如我也不知不觉体现了我的祖先们的某些方面一样。我想象那遥远世代的人们，过去的和将来的，我与他们共享着某些品质。我开始以更超然的目光看待我们人类的存在，将我们的生命看成不过是一段极长的时间跨度中的一个片刻，一段重塑了价值诉求的时光。而我，不再是生活在虚假现在的一个孤立个体；毋宁说，我是一项持续了许多世纪的宏伟事业的一部分。我感到自己是人类家庭中的一员。

现在看来，我的身份扩展了，呈现出了崭新的形式。它更丰富，也更多样化了。随着我的意识的发展，我获得了一个关于我的自我的更为广阔的视野。我改变了。

一切在于你 *You are that*

孩子能够清晰直接地感受到我们
内心最深处的隐秘情绪,
并能比我们更深、更敏感地把这些情绪
表现出来,因为他们没有防护机制。

我又累又气。我们不该带孩子来镇上。薇薇安的状态和我一样,对这次出行追悔莫及。整个事情乱糟糟的,让人萎靡不振。孩子们饿了,我们决定在一家为游客开放的自助餐厅里吃点小吃——这种地方是我一直设法回避的。孩子能够感受到我们的情绪变化。我正给乔纳森从一杯巨大的水果沙拉里挑一些吃的出来,埃米利奥犯起了淘气,从桌子下面踢着乔纳森。乔纳森生气了,弄翻了水果沙拉。我惊恐地看着水果块掉到了我的裤子上,果汁洒得满桌都是,也泼到了孩子们身上和地板上,汇成一道五彩的洪流。薇薇安沮丧地喘着气。我很生埃米利奥的气,他是这场灾难的肇事者,我抓住了他的胳膊,但他尖叫起来,报复地咬了我一口。自助餐厅里的所有目光刹那间转向了我们。真是一场噩梦。

稍后,在所有的慌乱结束后,我回想了一下,明白了过来。埃米利奥和乔纳森所表现出来的,正是薇薇安和我的情绪。我们的感觉和欲望并不是孤立地存在的,无论我们是否喜欢,它们都以各种方式传播并抵达我们身边的人身上,有时是明显的,但多数时候微妙而神秘。我们传达自己的所感所想,不仅通过我们的一言一行,也通过我们的姿态、语调以及我们所散发出来的情绪。通过这些方式,我们影响了那些与我们最亲近的人,而首当其冲的就是我们的孩子。

孩子能够清晰直接地感受到我们内心最深处的隐秘情绪,并能比我们更深、更敏感地把这些情绪表现出来,因为他们没有防护机制。也就是说,他们比我们更易感染我们的情绪。这是一个矛盾的现象。这种敏感常常会扰乱他们,因为他们无法依靠那些成人已经发展出来的过滤和防御机制。

一天,埃米利奥向我口述了一个词汇单,上面的词都是他在场的时候我不能说出来的,许多词表达的是负面情绪,比如"难过""我很抱歉""真遗憾""我想让你一直都高兴"。他说道。当然,埃米利奥得学会处理负面情绪,但是眼下我必须留心自己的内心状态可能会波及他和乔纳森。

孩子们不但比我们更强烈地感受着我们的情绪，而且会把这些情绪表现出来。如果孩子们感到狂怒，他们会咬人或把一个盘子猛摔到地上；如果他们感到了空气中的沮丧气息，他们会不吃饭或尿床。他们以他们全部的自我去体验我们的情绪，又常常强有力地立刻表达出来。而我们成人则已经习得了自我保护、内爆、合理化、调节和节制的艺术。

孩子们是直率的。正如在《皇帝的新装》那个故事中一样，他们会相当直白地说出我们成人害怕表达的内容。埃米利奥一次曾对流连于我家中的客人们说："你们为什么不回家？"另一次，当一个男人在一家商店里点烟时，埃米利奥大喊道："你这个讨厌的男人，香烟是坏东西！"当一个毛发较重的女人登上我们乘坐的汽车时，他惊呼道："看，爸爸，长胡子的女士！"

这无疑是令人尴尬的。我们所有人都常常会在我们的内在感觉和我们想要别人如何看待我们之间存在反差。成人设法隐藏和控制自己大部分的感受，但是一个孩子会替我们将这些感受展现出来。为什么当孩子在公共场合发脾气时，每个父母亲都感到尴尬？不仅仅是因为在那一刻他们成了被关注的焦点，他们担心打扰别人或被人批评，同时也是因为他们感到自己被暴露了，他们害怕自己最隐私的生活公之于众。

我们的孩子能够感觉到我们没有表达出来的情绪，而且大多数时候不会加以抑制。他们将我们生活最私密的方面展现在生活的剧院里，把我们所有的内在状态在舞台上表演出来。他们的戏剧精确而无情地阐释了我们隐秘的精神生活。

让我们来谈谈家丑外扬吧。这里说的是暴露我们内心最深处的感受——在任何地方都适用：在家里或在超市里，在朋友家或在高速路上，在教堂或在餐馆，我们被公之于众。我们的孩子，我们生物学上的一块构造，已经在呈现他们自己的生活。他们活着并讲述着我们特有的存在，向每个人展现我们真正的样子，并且是不加抑制地以一种非凡的天赋去展现。

诚然，每个孩子都有自己的情感和内心世界，自己独特的个性。不过，在早年孩子与我们是一种共生关系，他们的无意识和我们是一体的。

这是以一种禅宗的方式去具体地呈现另一个人的存在方式，否则这种存在方式依然得不到呈现。在一则著名的公案里，一位禅宗大师邀请一位弟子喝茶，他把茶倒进一我们不用对别人的行为承担责任，但是我们对我们如何感受和看待他们却负有责任。

个已经满了的杯子，茶水溢出来流了一桌。"正如这个茶杯不能再盛更多的茶因为它已经满了一样，只要你脑子里填满了自己的观念，你就不能接受我的教义。"大师说道。

我们的孩子无意间做了与这位大师相同的事。他们不断向我们展现我们是如何思考和如何感受的，他们喊叫、发脾气、欢呼雀跃、笑、熟睡、做噩梦，所有这些都是我们的写照。

有一段时间，埃米利奥非常爱生气，最轻微的反对都会让他大发雷霆，然而他又确实拥有他所想要的一切。每天，薇薇安和我会花大量时间陪他，与他高兴和平静时一样，我们以完全相同的方式表达我们对他的爱。这是怎么回事？当然，所有的孩子都会有这样的困难时期，这是他们成长过程中的危急时刻，不过这次却有所不同，我认识到埃米利奥的易怒源自于我。那段时间我起得非常早，每天睡眠不足5小时，我很易发怒，虽然我设法将怒火隐藏起来，但是它依然处于我整个精神状态的表面之下。为了给自己的兴趣爱好争取更多时间，我减少了睡眠时间。后果在埃米利奥身上显现出来了，他感觉到了我的易怒，并在我面前将它清晰地展现出来：这就是你的样子。当我开始睡得多了一些，就不再易怒了。

我休息得更好了，埃米利奥也就更加平静了。道理相当简单：与一个紧张的有机体共生会让你紧张。

有时候事情是急剧发生的。当薇薇安怀着乔纳森时，我们都很担心。胎儿可能没有发育到正常水平——或者没有达到我们听说过的水平。一天早上，薇薇安从产科医生那里回来，她心烦意乱，我也是如此。虽然后来我发现一切都好，但是那一刻，焦虑笼罩着我们周围的空气。不一会儿，埃米利奥沿着人行道奔跑时绊了一跤，头撞在一扇铁门上。我们把他送到医院，医生给他包扎了伤口。直到现在，埃米利奥前额上的一个小伤疤还让我们想起当时我们共同的担忧。

幸运的是，情感共鸣也以积极的方式出现。有些日子里，当我感觉良好并与每个人都和谐相处时，当一切看起来都格外安宁时，孩子们也反射了我的平静。在这样一个高兴、和谐、流畅、没有紧张感的日子里，埃米利奥睡觉前会对我说："今天你得了满分。"

我们的价值观也会戏剧性地再现于我们的面前。我不满于我们的消费社会——除非当我参与其中的时候。一天傍晚，我给埃米利奥带了一份礼物回家。他曾经请求我给他带一张彩纸，用来做他的拼贴画，我唯恐没有选对他想要的彩纸，于是带回去了7张。我的疑虑被证实了：7张中一张也没有他想要的。

埃米利奥因此很不满意，失望变成了不满，不满又转化成了暴怒："我要更多的礼物！给我买更多的礼物！"他的声音如希腊悲剧一般不可阻挡地逐渐增强，场面发展成大发脾气，伴随着踢腿、尖叫、猛摔东西。我已经给了他许多礼物，但他仍然强烈要求更多的礼物，仿佛这是他的权利一样。我在他身上看到了一种哲理所发生的效果——尽管它未经人们承认但却是真实的，它以一种具体的形式展现在我面前：物质财富能给我们快乐，帮我们解决问题，让我们摆脱沮丧。这是我一直反对的观点，但它却以这样一种方式被证实了。这个哲理的效果现在就展现在我面前，其形式是一个孩子愤怒地渴求着新的东西。

当埃米利奥的小弟弟出生时，我认为对于一个孩子来说，忌妒新来者是正常的——我身边的每个人也一直这样告诉我。每个人都会有一些忌妒，很快它就会出现了：危险的小恶作剧，比如把橡皮泥放到婴儿嘴里；身体上的小毛病；各种各样的退步现象。

但是一定会如此吗？通常的期望、看法和焦虑让我日益怀疑，这些问题的产生，我们成人在其中起了多大的作用？它们真的不可避免吗？

我确信，我们不知不觉地传播了我们关于爱的思想观念。我们把爱看成好像是一块蛋糕：你不能拥有整个蛋糕，必须切分它，而且它的供应是不足的，为了获得你想要的那部分，你必须得去争取，于是竞争和冲突就产生了。当我们还在摇篮中时，这样的观念就灌输给了我们，我们又把它们传递给了我们的孩子。爱总是混合着对于失去爱的恐惧，或者从来没有得到完整的爱的恐惧。

在乔纳森出生后的几个晚上，我意识到了这种状况。埃米利奥得了重感冒，由于呼吸不畅，他每隔15分钟就醒来一次。我未能成功地说服他接受滴鼻液，以便解决他的烦恼，所以每隔15分钟我就得跑过去安慰他，每次都希望是最后一次了，他能让我们好好睡觉。

最后我改变了策略。我抱着他，开始摇晃这个4岁的孩子，好像他还是个婴儿。然后我把他放下，看着他，我感到了我对他的深深的爱，对他因为小弟弟的出生而遇到的困难感到同情。我把一只手放在他的胸口上，试图传达我对他温暖而又充沛的爱。我身体中的某些东西正在发生着变化，那就是我能够以一种新的方式爱这个孩子，平静地、不带矛盾心情地去爱。尽管我不得不在两个孩子身上分配我的时间，但是我不会分割我的爱，爱远非可以被分割开来的数学运算。几分钟之后，埃米利奥完全睡熟了，早晨醒来恢复了生气勃勃和快乐。所以，问题或许不在于他的鼻塞，而在我对于错综复杂的爱的内心挣扎。

别人符合我们的期望这件事，既微妙有趣，也有些令人担忧。人们真的会变成我们想要的样子吗？他们是怎么看我们的？这些都是适合扪心自问的最佳问题。例如，我发现我认为妻子是个爱拖延的人，每次我们一起去某个地方，总是我在等她。而在等候时，我开始变得急躁，这更强化了我认为她总爱拖延这一看法。她拖延，我生气，这是一个已经确立下来的家庭惯例。因此下一次我决定把薇薇安看成是一个可能拖延也可能不拖延的人。我们来看看会发生什么吧。我把这个想法完全保留在自己心里，仿佛变魔法似的，她变得守时了。我们的思想交流是以微妙的方式进行的吗，比如通过我们的面部表情和姿态？或者是心灵感应？我不知道，但是我一再地看到心灵感应的发生。（幸亏）并不总是如此，因为别人也有他们自己的生活和意志。那次以后，薇薇安又拖延了，我们回到了过去的惯例之中，不过另一次她又守时了。我发现，当我放弃对她的成见时，即使她拖延了，我也感觉并不糟糕。因为如果我认为某人总是让我等待而且在我的余生会一直如此，比起我给她留下改变的空间来，我感觉更加糟糕。

我有一个同事，当我们两个人在一起时他热情而友好，但是如果我们一起开会，他就开始作消极评论或者改变话题。每个人都知道他会这么做，而且他每次都是这么做的。我们预期他会那样，他的行为果然不出所料。因此我决定对他采取不同的看法：下一次会议中他或许搞破坏或许不搞。不幸的是，这一次没有奏效，因为他是根据手稿发言的。然而，我注意到至少我对他的感觉不同了。他并不是表现为一幅二维的漫画，而是像一个三维的、复杂的、活生生的人了。我知道他并不仅仅像他此刻所表现出来的那样，这给了我帮助——尽管那次会议中他的表现还是不好。我们不用对别人的行为承担责任，但是我们对我们如何感受和看待他们却负有责任。

这是我作为一个治疗师的工作性质所在：当我进行治疗谈话时，我会注意到我的内心世界是如何影响别人的。如果我觉得无聊、心烦意乱、愤怒，我的客户将会回归到他们平常的烦恼中；如果我以他们看待自己的方式看待他们，我们就不会获得任何进步——我们被关在了同一个监狱中；但是，如果我将他们看成是他们可能会成为的样子，如果我对他们的看法保持开放，改变就有可能发生。

我看到外部发生的事（至少部分地）是我内在精神的结果。每天在我身边的这个喧嚣的、具体的世界里所发生着的事件，是我无声的、稍纵即逝的主观世界的一个凝缩。它们是同一种物质的不同形式，正如一朵云中的水蒸气和狂暴的激流都同样是水的形式一样。

认识到这一点产生了重要的结果，它赋予了我额外的理由去珍视我的感受。我平静吗？我付出的是不是最好的自己？我快乐吗？在所有这些思考里，最后一个是最自私的，但也是最利他的，因为我的幸福、我的自由、我的精神成长都会不可避免地、准确地在我自己的孩子身上表达出来。

这也是一种解脱。我无须再担忧我所做的是自私的还是利他的，可以说两者皆有。取而代之的问题是，我追问哪些精神状态、哪些行为在为所有人创造快乐和自由的过程中是最有效的。然后，我朝着它们努力。

真 相 *Truth*

每天和孩子们在一起，我接触到的是爱、纯真和美这些品质。而如果没有一个坚固的底线，这些相遇一个也不会具有价值。

烤饼看上去很好吃,刚刚从烤箱里拿出来,香味吊足了我的胃口。这是一块黑莓馅饼,然而,它满是糖、脂肪和白面粉,而且我与埃米利奥在一起,我不应该树立一个坏榜样。薇薇安和我想要他保护牙齿,让他养成良好的饮食习惯。

但那块馅饼太诱人了,我无法抵抗自己的欲望。哎呀,我为什么要放弃这样的快乐?或许我可以偷偷买下这块馅饼,另外给埃米利奥买一个全麦面包卷分散他的注意力。于是我付了钱,拿着这块馅饼背对着埃米利奥开始狼吞虎咽,试图不让他看见。埃米利奥立即注意到了,一个劲儿地嚷着要吃。"嗨!面包卷很好吃,不是吗?"我口是心非地说,同时尽可能快地咽下那块馅饼。埃米利奥对面包卷毫无兴趣,愤愤地把它扔在了地上。

我被抓了个现行!要是只有我一个人,我会悠闲地品尝这块馅饼的滋味。可是埃米利奥在场,我别无选择,只能看着自己出洋相。就是这样,每天和我的孩子们在一起时,我不能假装,不能撒谎,不能置之不理。有他们在身边,我不可能生活在幻想中——我必须时刻面对我是什么样的人这一真相。

乔纳森在购物袋里发现了一个菠萝,差不多有他那么大,他费劲地把它拖过来,放到我面前,看着我说:"呃。"可是我累了,不想切菠萝给他吃。他已经吃开了,我说:"那吃吃看吧。"乔纳森生气地把菠萝推给我,说道:"刀刀(刀子)。"我的欺骗再次被抓住了。我的孩子们向我展现了我所有的小谎言和矛盾不一之处,从前我一直试图通过它们在日常生活的累累礁石中航行。

有时真相会在某个戏剧性的时刻现出真身。我们一家人正吵得不可开交:埃米利奥乱发脾气,我过去斥责他,薇薇安也和我一样。埃米利奥更生气了,把火全撒在一把椅子上。我们都情绪激动。然后,我们听到了一个微小的声音——"哎呀!"是乔纳森,他坐在婴儿高脚椅里,双手托腮,看着我们。他被吓坏了。刚才进行到哪里了?我们三个人都大感意外,像雕塑一样站住了。我们互相看着对方,有点尴尬,然后开始笑起来。这是一个十足的启示，我们通过一个婴儿的眼睛看到了自己。

有时候在我看来，我是在照镜子。之所以如此，是因为我的孩子们在模仿我。我知道孩子是通过模仿学习的，他们模仿我们的姿态、行为、声音，尽管他们是原创的、独特的，但有时他们就像是我们缩小的复制品一样走来走去。在他们身上我们可以看到自己：我们思考问题时挠头的样子，我们发誓的样子，我们拿电话的样子，我们吃饭的样子。

我们看到过孩子是如何把我们最深的感情和幻想表现出来的。而在一个较为浅显的层面上，他们直接映照出我们。镜子是中性的、直接的、揭示性的，也是令人畏惧的，它向我们展示本相，不作任何评论和解释。通过这种方式，镜子告诉我们关于我们自身的一些事情，对此我们并不知晓，或者是也许知道但宁愿不知道。这是一种奇怪而又令人不安的机能：镜子似乎有其自身的生命，我们对此无能为力。同样的情况也发生在孩子这里：他们可以成为我们的镜子，向我们展现我们的样子。我们以前或许没有意识到这一点，这真的足够我们大吃一惊，或者我们一直知道，却不愿意承认。

真相会让人不舒服。我想起诗人但丁在他的《神曲》

中为了到达天堂不得不在炼狱里攀爬的情景。但是为了进入炼狱，他又得攀爬通往大门的三级台阶。第一级台阶是白色的——你按照事物本来的样子去看待它们，不带任何滤镜；第二级是破损的灰色，代表源于绝对真诚的震惊和不安；如果我们能够克服这第二步的不舒服，就能到达第三级台阶，它是红色的，代表能量的释放和生命力。尽管我无法一路攀爬到天堂，但我认识到了但丁隐喻的中肯之处。

真相——看清自己是什么，而不是我想要成为什么——让我觉得不安。但它也再次帮我发现了谦卑这一可贵的美德。我不仅不能去做所有我想做的事情，而且我也不是我自认为的那个样子。谦卑中含有一种朴素的完美。我不可能达到我想要达到的高度，但我的基础是坚固的。现在我知道自己立足于何处了。

当孩子们模仿成人时，他们是好笑的，但是当我们进一步观察便会发现，他们并非那么好笑。我们会意识到我们正在看着自己。

一天，我不小心掉了一张纸。埃米利奥立即责备地指着我，面红耳赤，气愤地大喊："你不能那样做！马上捡起来！"这是一个相当好笑的场景，这个孩子像个小牧师似的全身热血沸腾。然后我意识到，那正是我对他说话的方式。当他把东西扔到地板上时，我便用手指着他训诫。我才是牧师！

尽管令人尴尬，但类似的真相大白从来不是什么耻辱。我从未觉得自己被贬低了，而仅仅是需要重新评价自己而已。其中包含着一种天然的幽默，帮我更准确地看清自己的样子。

我安顿埃米利奥去睡觉，灯关了，时间很晚了，真的是该睡觉的时候了。我给他讲了一个故事，一开始就说好只讲一个。讲完后，他提要求了："再给我讲一个故事。"

"埃米利奥，我们说过就讲一个，睡觉吧。"

埃米利奥的反应令我惊讶，他的声音穿透了黑暗："再给我讲一个故事，不然我会给你一个口头警告。"

这个勒索还不错嘛。这个孩子（一直被待以尊重和爱，从未被打过或恐吓过）是从哪里学会威胁的？当然是从我这里。片刻前难道我没有说过"如果你不立即上床睡觉，你就没有故事听了"这样的话吗？是的，我发现威胁是我与孩子们互动的一部分，威胁也内在于我们很多的社会关系之中，尽管它们很大程度上是被美化了。如果你不交电费，就不给你供电；不要超过 30 英里每小时，否则你会被罚款；行为要得当，不然你就会有麻烦。

埃米利奥又在晃他的座椅，椅子只有后两条腿着地。我告诉他不要这样做，但他继续做着，终于跌倒在地，受了些轻微的伤。"你活该。"我说。几天后，我匆忙钻进车里时磕着了我的腿。当我正疼得跳来跳去时，一个清晰的声音从车里传来："你活该。"我在腿疼之外又增加了惊讶。这正是我的样子啊。好吧，那么我一定是虐待狂了，在别人痛苦的时候，我欢呼并证明我是正确的。我的孩子将我忠实地映照了出来。

真相解放了我们。我们通常拥有的是自己扭曲的形象，这一点上，心理学家们意见一致。外部世界像一个专制政体，其中宣传代替了真相。我们按照我们想要被看成的样子来表现自己，并抑制我们所不喜欢的方面。正因为如此，看我们自己的照片或听我们自己的录音，常常会令我们大吃一惊，也许还会激怒或者困扰我们。我们真的太偏爱幻象了。这正是我与孩子们一起生活时我身上发生的情形。

和幼儿在一起，由于他们幼稚而单纯，对他们撒谎会让生活变得简单一些。一个母亲带她的孩子在公园里玩，母亲想回家，孩子却想留下来并坚持自己的意见。母亲告诉她:"大灰狼来了,要吃掉所有的孩子。"那个孩子立即默默地回家了。通过欺骗来获得顺从,这样做对吗?

当我被牵扯到谎言中时,我会感到不舒服,我对此深有体味。埃米利奥两岁时想吃炸鱼排,冰箱里虽然还有,但我不想让他吃,因为他已经吃过很多了。但他记得还有,坚持要吃。我给他拿了别的食物,却没能让他忘掉炸鱼排,于是告诉他:"没有了,你把它们全吃完了。"埃米利奥指着冰箱,说:"看看是不是没剩下。"

他想要去证实一下,我又使了几个逃避的策略,最后被迫打开了冰箱。它们在那里,那些炸鱼排,闪耀着荣光,厨房里的圣杯(Holy Grail),从骗子——被征服的爸爸的手中夺回来了。爸爸如何为自己辩解呢?他假装以悲哀的语调说道:"天哪,我多健忘啊!我以为它们完了,但是还剩了一些。"

我不知道埃米利奥是怎么想的,他似乎只对炸鱼排感兴趣,并不像我们成人那样喜欢指责或欢呼胜利,但我仍然感到我暴露在自己的谎言之下。即使我撒谎侥幸成功,我也不会感觉更好一点。长时期地对你的孩子说谎,会建起一堵墙,最终会阻碍所有的交流。我看到,欺骗可以成为阻力最小的路径,不仅对鱼排来说如此,对生活或我们自己的任何方面来说都是如此。但正如我把禁止孩子吃的食物藏在冰箱里一样，到头来我其实是隐藏了自己。

对成人来说，撒谎是一种生活方式，而对孩子来说，却是一桩丑事。我记得我小的时候第一次去看牙医，我是多么迷恋牙医的工具呀：牙钻、灯、按钮、喷水器以及其他仪器。那个牙医带着某种职业自豪对我说："我敢打赌，你长大了会成为一个像我一样的牙医。"我的母亲站在一边插话道："想想看，这些可爱的小玩意儿，你喜欢怎么玩就怎么玩。"我非常喜欢那个想法，一出门我就告诉母亲："是的，我长大了，要当一个牙医。"我的母亲出人意料地回答："噢，不！想想看那是多么令人恶心的工作，整天在人们嘴里鼓捣来鼓捣去！"

生活中将会充满流着口水的嘴巴——这个形象足以让我改变主意了。但是，让我困惑的是母亲意想不到的态度转变。我的母亲是个崇尚讲真话的人，10分钟前她刚刚说过当牙医是很好的职业，现在她又说出完全相反的话。那么，成人的世界一定是制造谎言的工厂了！

我们所言与所行之间的矛盾，在孩子的眼中是最明显不过的。我对乔纳森解释说，当我们看见交通信号灯每天和孩子们在一起，我接触到的是爱、纯真和美这些品质。

里的小绿人（而不是小红人）时，我们才可以过马路，乔纳森很开心，每次过马路他便开始欢快地叫喊："小红人！小绿人！"

但有一天我很匆忙，红灯时就横穿了马路，乔纳森很生气和困惑，我也很难向他解释自己的前后不一。又有一次，我告诉埃米利奥一定别直接对着瓶子喝水，不久他就抓住了我正在那样做。我感到十分惊讶，咕哝了一些托词，随后我们都爆出了笑声。

当我们言行不一时，就像一台机器的螺丝松动了一样，迟早会发生故障。我们需要不时地去自省。迄今为止，我的孩子们注意到的我的言行不一状况并不严重，但在未来的时间里，他们将会看到更深刻、更含有哲理意味的言行不一。我能感觉到，到时候我将无处可逃，再也无法隐藏自己。

让我们回到当下吧。我知道我的声音听不出来真假，尽管我不是很确定，埃米利奥却能感觉出来。有一天我告诉他："你就是那个真正让我感觉到什么是爱的人。"当我开始说这句话时，我是相信的，但是说完后我意识到自己并不那么确信——我之前就学会去爱了。埃米利奥怀疑地看着我，然后说："是不是所有的爸爸都这样说？"

另一次，在一个拥挤的地方，有那么几秒钟我们走散了，我发现埃米利奥在惊慌地尖叫。后来当我们谈起这件事时，埃米利奥承认他害怕被抛弃，我劝慰他说："别担心，我永远也不会离开你！"说这句话时我是真诚的，但即便如此我也想到有一天我会离开他——当我死的时候。埃米利奥根本没有得到安慰，他回答说："你永远也不知道会发生什么。"

我相信，孩子们有种可以分辨我们是否真诚的直觉。因此，他们教我们像他们那样坦率而又真实。百分之百地真诚，感觉是多么好啊！

当我们是真实的，我们也是自然的：我不必不止一次地说某些事情；我们立即能互相理解对方；不必要去解释很多；我们的话总是一语中的。

让我们以一种基本的交流方式做例子。两个人都说他们爱着对方。当孩子让我们知道他们以自己的方式爱着我们时，这是一个如水晶般透明的信息，没有多余的话和姿势，也没有多愁善感，而我们成人却倾向于详尽地说给对方听。所以，如果我们像这样与孩子交流，常常会不自觉地侵犯他们。尽管孩子非常需要身体接触（他们唤起了我们极大的爱，我们想要亲吻和拥抱他们也是自然的），然而，他们知道什么时候适可而止。我注意到许多孩子当他们的父母试图拥抱他们时，他们奋力挣脱后跑开了。

在有孩子前，我有很多时间去幻想。以某种未曾明言的方式，我觉得自己是特别的：有一天我会做出重要的成就，赢得大家的钦佩。这与其说是一个明确的幻想，毋宁说是一种精神状态。

而自从有了孩子后，我没有时间再做这种虚构。我不再感觉自己很特别。像所有其他父母一样，我只是一个父亲。我惊异地发现了自己的平庸，认识到自己不过是众人中的一员。我没有时间去做所有我想做的事，而死亡却一天天更近了。或许我终究不会被载入史册。

这些想法让我沮丧。然而，随后我意识到生活本身正是如此，而之前它完全是我的幻想。我再次感到自己变真实了：我的轮廓更清晰了，外部世界更清晰了，我需要做的工作也逐渐清晰起来。

也许我还感觉自己更脆弱了，但也更坚强了。每天和孩子们在一起，我接触到的是爱、纯真和美这些品质。而如果没有一个坚固的底线，这些相遇一个也不会具有价值。现在我知道生活的根基在什么地方了，我正学着诚实地面对自己。

伴 侣 *The couple*

无论是作为爱的和谐还是作为痛楚的伤口,
这种关系留存于我们的内心。
父母之间的关系塑造了我们的模样。

在火车站的候车室里，3岁的埃米利奥喊着："爱！爱！"他试图让我们明白，他想让我和薇薇安拥抱对方。尽管感到有些尴尬，我们还是顺从了他，在百无聊赖的旅客面前拥抱在一起。但是在埃米利奥看来我们表现得太拘谨。"更多的爱，"他说，"更多的爱！"我们有所保留地听从了他，但还是不够好。埃米利奥一直在坚持，最后他终于对我们的努力感到满意了，挤进我们中间做了一个"爱的三明治"。

在别人面前需要压抑自己，这在他的小脑瓜看来是非常遥远的事。究竟为什么人们会对爱感到羞耻呢？对他来说最重要的是我们——他的父母彼此相爱。像三明治的夹心般挤在我们中间，对这个孩子来说是一种什么感觉？我猜想他一定觉得非常安全。依偎在最爱他的两个人的温暖怀抱里，他知道，在我们之间，爱在充沛地流淌。他知道一切皆好。那一定是很棒的感觉。

或许这种田园诗般的亲情场景要求太高了。在新的千禧年伊始,家庭这种模式发展得并不好。以前那种包括祖父母、叔叔婶婶、堂兄弟姐妹和朋友的大家族消失了,取而代之的是更小的核心家庭。婚姻制度变得日益不稳定,两性关系更加模糊,充满争议。宗教信仰正在衰退,家庭纽带也日益脆弱。

我想到了另一个非常不同的片段。一天早晨,我们一家四口从乡下的家出发,去城里度过一天。去的时候我们充满新鲜感和希望,而当傍晚返回时,我们都筋疲力尽,怒气冲冲。乔纳森尖叫着,因为埃米利奥在捉弄他。我和薇薇安要么互相拌嘴,要么把气撒在埃米利奥身上。这是一场每个人对每个人的战争。车子变成了一个高压锅——这是当代家庭可怕困境的一个象征:人们被迫待在一起,无处可逃。我想在自己的体内找个角落,只要小小一个角落就行,在那儿我可以发现一点点爱的留存,但是我找不到。

幸运的是,这只是个插曲。我和薇薇安通常都相处甚欢。但我知道我不能故步自封,我们的孩子既改善也恶化了我们夫妻俩的关系。说改善了,道理很明显,因为她将两个孩子带到世间，我对她充满了感激：这是我曾经收到的两个最漂亮的礼物。我只要想到两个孩子出生时，看到她的脸上精疲力竭却因为喜悦而容光焕发，就觉得感激不尽了。我感觉我们携手开始了一段光辉的探险，造福于两个孩子的成长，帮助他们长大成人。

但是同时，我们的关系也在渐渐枯萎。我和薇薇安很少有时间过二人世界，我们之间谈话的智力水平也急转直下："尿布漏了！""快点，宝宝在哭呢，你最好去照顾他一下。""注意别让他把食物溅到新衣服上！"和孩子在一起的每一天都充满了平凡的悲剧和令人沮丧的琐碎，把任何两个人放在这种世界里，他们的关系和心智都会出现危机。

让我们再回到火车站的那个片段。埃米利奥想看到和感觉到我们彼此相爱。为什么？答案很清楚：两个人之间的关系本身创造了另一个人。我们都是父母双方关系的结晶，无论是作为爱的和谐还是作为痛楚的伤口，这种关系留存于我们的内心。父母之间的关系塑造了我们的模样。在所有的情况下，这都是正确的——即使是在单亲父母、人工授精、基因操作、代孕、精子库等情况下，也是如此。即使当一位伴侣缺席时，他或她仍然对限定这种关系发生作用。这就如同我们是从两人的关系中出生的一样简单。

我们可以将这种关系比作一个菜园。如果土壤肥沃，耕作精细，蔬菜就会长得茁壮，但是如果菜园里满是毒药呢？孩子全身心地感受着父母的关系，如果这种关系被污染了，毒药就会在他体内循环。如果家庭气氛一团糟，孩子会在不和谐的氛围中成长；如果环境里充满了不安全因素，他会生活在焦虑之中。

虽然费了些时间，但我终于认识到我和孩子的关系中贯穿着我和妻子的关系。如果我跟妻子的关系不亲密和谐，我跟孩子的关系也不会亲密融洽。当然，作为夫妻，我们的关系在即便没有孩子的情况下，也具有独立的价值，这一点同样重要。但是孩子的出现使每个问题更具体、更明显，也更紧迫。有时我会忘了这一点。我变得太自信了，我完全相信我们在一起时很好，听任我们的关系自然发展，任由菜园子自生自灭。我把注意力全集中在孩子身上，渐渐地成了薇薇安眼中的幽灵，而她也成了我眼中的幽灵。

最最重要的是，埃米利奥也想有他的发言权，他想要薇薇安和我相亲相爱。但在他的小脑袋中，我们关系的中心是他那最显著、尊贵的自我。一天，我跟他说起他妈妈和我，告诉他在他出生以前我们的生活是多么不同，即使在那时，我们也深爱着对方，并且有更多时间在一起。然后我补充说，不久后的一个晚上，我和薇薇安要一起出门，不带他和乔纳森——这绝对是个新情况，因为我们也喜欢像以前那样在一起。埃米利奥惊讶地睁大了眼睛，随之而来是对我们这种厚颜无耻的行为的愤怒，他无法想象在我和薇薇安的幸福关系中居然不包括他。

幸好在事情不可挽回之前，我醒悟了过来。它是这样发生的：孩子们占据了我太多的自由时间，留给我读书、思考和写作的时间仅剩下清晨时分。我每天5点半起床，但孩子们也醒得越来越早。他们就像一支军队，一点点地侵入敌人的领地，要求着新的空间。于是我起床的时间变成了5点、4点半、4点。这意味着到了晚上，我已经昏头昏脑，而晚上，只有当两个孩子都上床后，才是我和薇薇安能够独处的唯一时间。结果便是：薇薇安拥有的不是丈夫，而是一具行尸走肉。

如果有人问我，我一定会说，对我而言，薇薇安比写作重要得多。但那是骗人的把戏：我把我一天里最好的时间用来写作，却将晚上仅剩的一点点时间留给了她。清晨是我的避风港，是我剩下的所有自由，我特别需要它。我告诉自己，如果他们把那点时间也夺走的话，我会疯掉的。

然而，我很沮丧有些事情就是讲不通，我的写作卡壳儿了。最后我认识到了我本知道却不愿承认的事实：我安排的先后顺序是错误的。于是我选择了晚一点起床。带着一种恐慌的感觉，我决定放弃那段思考和写作的时间。选择放手，这是多么深刻的教训。我放开了甚至看起来至关重要的东西，重新以一个丈夫而非幽灵的面目回到了我妻子身边。

我立即感觉好起来了。我重新发现了一个被遗忘的珍宝，明白了我们生命中的人比任何兴趣或活动都重要得多。我的写作又顺畅起来，而且我最终找到了写作的时间。一旦改变了头脑中的优先顺序，我甚至可以在早起的情况下，到了晚上也不会精疲力竭。

另一个更微妙的变化也发生了，埃米利奥和薇薇安之间的关系突然改善了。他们的关系谈不上糟糕，但我不喜欢埃米利奥时常对薇薇安无礼，或者有时候跟我说话就好像薇薇安不存在一样。他会无视薇薇安，这是从某些冷酷无情的沙文主义者身上才能看到的。我很不喜欢他的这种方式，却不知道该怎样去改变它，除了说教以外。然后我认识到：埃米利奥不知不觉表露的正是我自己对薇薇安的态度，是我而不是他，视薇薇安为影子。幸运的是，我发现了这个问题。每次当我内心改变了对薇薇安的态度，埃米利奥对待她的外在方式也会随之改变。

我们还应该学会放弃。在这样一个理直气壮地坚持自我和大声叫嚷着需求的时代，这是多么不合时宜的建议，但又是一门多么高尚的艺术。当我们拥有了一个家庭——这是我们必然的目的地，无论我们是否喜欢它，这是一个普遍真理——我们必须放弃时间、精力、计划、金钱，甚至于自己所珍视的看法，去为我们所创造的这个家庭奉献更多的东西。当然，不是全部而是部分地放弃；不是在放弃与不放弃之间做选择，而是在欣然放弃或完全抗拒放弃之间做出选择。是的，为了我的妻子和孩子，我不得不放弃我之前的部分生活。如果我不情愿地放弃，我就会怨恨我的家人，把他们看作是我和自由之间的主要障碍。但是如果我心甘情愿地放弃，如果我不是紧抓不放而是轻松放手，我认识到我的妻子和孩子们比我所放弃的东西更加重要——不管它是时间、精力、计划还是别的什么——这个认识让我感觉到他们和我更亲近。它帮助我明白，他们对我是绝对宝贵的存在。

现在我看到了一幅更加清晰的画面。首先，我更加理解了置身于家庭当中是如何无情地将我所有的问题和局限暴露了出来，这些问题和局限矗立在我面前：以前它们是抽象模糊的，我可以假装它们不存在，现在我无法再欺骗自己了。我的难题过去是令人不快的幻影，现在变成了让人难堪的现实。

如果我沮丧，我的沮丧就会为众人所见；如果我愤怒，我的愤怒就会成为餐桌上的不速之客；如果我困惑，我就会看到我的困惑出现在我所爱的人那里。在家庭里没有隐私，我的思想是公开的。每天我都看到我的思想展现在我面前，就像在舞台上一般。它们是动态的、有力的，改变着现实，渲染着气氛，体现在我的语言里，在我的行动中得到实现。

我也明白我可以学着去接受。我早已发现，当我们只是去接受生活本身的模样，它会变得多么容易。想让世界恰好适合我们的喜好？这是多么吃力不讨好！希望人们会改变？多么浪费精力！试图让人们按我们的想法去做？绝对是自寻烦恼！我重新发现了接受的艺术。薇薇安就是薇薇安，孩子就是孩子。就是这样。我不再希望他们以某种方式行事，或者在他们不按照我的意愿行

依偎在最爱他的两个人的温暖怀抱里，他知道，在我们之间，爱在充沛地流淌。

事时大加指责。

我放弃了所有他们应当如何的模式。为什么我要用我的模式去约束别人呢？然而，这正是我们常常施加于人的，就好像他们跟我们签了行为模式的合同一样。但是，他们并没有责任去实现我们的规划，即我们希望他们成为什么，我们关于他们应该如何的模式不过是我们自己的创造，即使我们告诉了对方，但凭什么他们就要以某种方式被约束呢？如果他们不如此的话，为什么我们要把他们置于审判席上呢？

一点一点地，我把更多的时间留给了家人。我的重心在这里：和眼前的人——我的妻子和孩子们在一起，而不是和遥远的希望在一起。这是我通过和孩子们在一起时学到的。但是我不应仅仅为他们持有这样的看法，这一技艺可以被运用到任何地方，它也是每一种关系的基础。

我发现，如果我真正爱一个人的话，一定不能认为我们的关系理所当然。每一种关系，特别是我与妻子的关系，都需要时时更新。就如同菜园子，我得照看它，学会去关爱它。不幸的是，我却有一种表达批评、隐瞒欣赏的倾向。为什么？也许是因为，我希望用我的批评去纠正别人，而对于一切进展顺利大家又都清楚的情形，我不明白为什么还要大费口舌去表达自己的欣赏。如果我能特别记住这一点的话，是容易发现值得欣赏的品质的。我得培育这个菜园子。

这里的大敌是懒惰。最轻松偷懒的方式，莫过屈从于思考、感觉和行为的习惯。一天，我和薇薇安谈话时，意识到了这一点。我告诉她，我认为孩子们即使在寒冷的天气里也应该穿短裤，就像我的小时候那样，因为这能使皮肤更多地暴露在阳光下，促进维生素D的吸收。"我知道，"她确定地回答道，"你已经告诉过我了。"事实上，我的确已经不止一次告诉过她了。这并不是中年失忆：我记得我告诉过她。我就是不想费力去找一些新的话题。也就是说，我意识到我正在以各种方式，将我的妻子变成一个仅仅是母亲的角色——至少在我看来如此：作一些可以预见的陈述，而不是去分享对我来说最为激动人心的事情，如发现、领悟、巧合等；例行公事，不断地重复同样的行为，把她视为理所当然，就好像对她要成为什么样的人和要做什么我都了如指掌。多么可怕啊！我决定每天都要在她身上发现一些令我不解的或神秘的东西，或者我要说一些我以前从未说过的话，和她分享一个对我真正重要的人生体验。

当我和薇薇安的关系处于全新状态的时候，我喜欢回忆那些最为美妙的时刻。那些时刻所呈现的新鲜感，帮助我去发现发展我们关系的最初灵感。和许多人的看法不同，我认为坠入爱河并非一种蠢事。相反，当两人看到了呈现在他们面前的所有可能，当他们接触到了爱的本质和美妙，对他们来说，这便是最好的时刻。那一刻，一切风险黯然失色；那一刻，我们发现什么才是最真实的东西。

那种认为生命中的困苦才是唯一的现实、相爱的新鲜感是种错觉的看法，在我看来是既说教又悲观。我可以用我的心感受到我和薇薇安在一起的最好时光：第一次散步、去斯波莱托（Spoleto）旅行、在9月的一个下午向她求婚、一个下雨天薇薇安待在机场、怀着埃米利奥时她去听过的一次音乐会、第一次给乔纳森哺乳。它们是起源，是源泉。在那里一切都好，没有沾染日常生活的偏执。能够时不时地回到源头汲取纯净的甘泉，是多么美妙的体验啊。

通过这些方式——认识和控制自己的思想，抽时间和家人在一起，接受，欣赏，回到最初——我渐渐地改变了自己思想中的回旋。我感觉自己变得不同了，曾经蒙尘的镜子再次反射出光亮。

感 激 *Gratitude*

痛苦存在着。死亡存在着。

但是谜一般的、多变的生命是不可阻挡的。

在超市收银台排队时，我和埃米利奥听到一个孩子在尖叫。孩子的哥哥姐姐也在那里，很快哥哥也开始哭叫，大不了多少的姐姐也仿效起来。他们的妈妈——一个强壮严厉的女人，看起来好像也要参与到战斗中似的，迅速拿出三块巧克力棒，分别塞进三张小嘴里，哭闹戛然而止。孩子们用力咀嚼着，安静了下来。

埃米利奥沉默地看着这一切。在我们家，除了个别情况，我们尽量不吃巧克力和其他甜食。肚子空空的埃米利奥变得忧郁起来。我们离开超市半个小时后，在回家的路上，一声痛苦的喊叫终于响了起来："我也要吃巧克力棒！"

巧克力棒不过是一种普通的甜食，但足以渗透到孩子内心，如果得不到的话，会毁掉他的早上。我很沮丧，我想让我的孩子被这样一个世界环绕——美丽、令人兴奋、健全，并且完全安全。我意识到这是一个不可能的奢望。孩子们沉浸其中的世界超出我们的控制。

我知道长期吃巧克力的危害。但是跟其他潜在的危险比起来，这只是小事一桩。比如，尽管我对性问题持相当开明的态度，也愿意清除通向性自由道路上的许多障碍，但我仍然会对杂志上的色情图片感到不寒而栗——那些粗俗、下流的淫秽图片是所有人包括我的孩子们都可以看到的。这是一种可怕的性启蒙。

我想让我的孩子们不被无数品味低下、充满暴力的图像迷醉，那是电视用来助长物质主义、呆头呆脑的思维方式的手段。如同外星人入侵我们的星球并混杂在人类中，电视图像进入孩子们的大脑，融入他们的日常生活，导致他们将幻觉误认为是现实，整整一代人现在说起话来都好像电视上的名人。目前我们的儿子对电视还不感兴趣，因为我们很少看电视。然而，由于电视是我们每日浸淫其中的文化的一部分，我知道早晚有一天，它会更强烈地吸引他们的注意力。

那么环境污染怎么样呢？当我告诉乔纳森我们要去海边的沙滩玩时，他马上问我："那里有没有沥青？"他还记得我们在一个海滩上度过的那个下午，那天我们不得不把他身上的黑东西清洗干净。还有噪音污染：埃米利奥大概4岁时，曾经经历过一段时期，每当听到任何尖厉的声音就会突然哭起来。

现在我认识到了：我把两个孩子带入了一个污染的、暴力的，有时甚至是恐怖的世界。我知道空中飘浮着无数病毒，它们留在公共汽车上，在咖啡馆和邮局也安了家；富有侵略性的病毒能够进入孩子们的身体，攻击他们的血液和神经系统。我知道孩子们呼吸的空气、饮用的水、吃的食物都充满了有毒有害的物质。我曾经读到过，甚至在受孕之前，就有超过一百种物质能够使孩子的基因构成发生突变，从而引起严重的身体和精神缺陷。所有这些都发生在一个被饥饿和战争所征服、充满了动乱和灾难的世界里。

还有一些潜在的危险。世界上充满了善良、友好的人，为人父母已经帮我认识到了这一点，但是危险人物也无处不在。这些人可能是险恶的，会伤害到我的孩子，也可能他们本意并非如此。有一次我们去一个水果摊贩那里——这人早上热情快乐，晚上就酒气冲天萎靡不振。一天傍晚，当他接待我们时，他一再地停下来谈论一些可怕的事，后来他注意到了埃米利奥。"好可爱的孩子！

来，吃个草莓。你喜欢草莓，对不对？来个杏，你喜欢杏吗？来个苹果！来个巧克力。"埃米利奥的双手被这些东西塞满了，他看着我，不知道该怎么办。

我也不知道该怎么办。我不想得罪这个好人，但他变得有点攻击性了。他开始抚摸埃米利奥的脸颊。"好可爱的孩子啊！"他重复着，带着强调和少许的欢跃。我们向他道了谢，匆忙离开。开车回去的路上，我不得不向埃米利奥解释喝醉了是什么意思。

幸运的是，水果摊贩并没有恶意，埃米利奥也没有遇到任何危险。到现在为止，除了以某种遥远的方式，这个世界的贪婪和罪恶还没有触及他或者乔纳森。直到现在，邪恶还只是一种可能而非现实。但这件事促使我去思考。看着水果摊贩粗糙的大手抚摸着埃米利奥纯真的小脸，我想到不知会有多少手可能伤害到他。

我的孩子们的确在很大程度上超出了我的影响范围。从受孕的那刻起，他们就进入了一场有着自身规则的游戏之中。这让我感到焦虑。我认识到生命是多么不完整、不公正和不确定。控制只是个幻象，我必须放下完美的理想，而仅限于我自己做到最好。这是一个更适度却更真实的目标。我感觉自己更谦卑了。

谦卑会导向屈服。我的孩子们不属于我。起初这个想法让我害怕，但后来它唤起了我体内更大的信任力。我可以加强控制，在他们周围竖起保护的壁垒，但那只会使我的孩子脆弱和不成熟。我必须要改变自身的一些东西。我开始培养接受的观念。

让我们接受罪恶是不可能的。所以更确切地说，这是一个接受已经存在着罪恶的世界的问题。痛苦存在着。死亡存在着。保护我的孩子们是我的责任。但是谜一般的、多变的生命是不可阻挡的。埃米利奥和乔纳森是独立的生命，他们有着自己的资源和命运。

接受意味着消除所有无用的劳心费神。我不能对每一件事负责，我不能把时间浪费在自责、担心最坏的情况和想象灾难发生上面。我要天天以我最好的状态去面对生活。当我不带幻想的过滤和多余的情感去看待现实时，现实更加清晰了。能够去接受，我感到自己更加自由了。

我是一个进程中的一部分，这个进程比我本人大得多，而且它是自主地进行的。这就好像坐在一架波音747上，我一直以为自己是掌控飞行的人。我尽力去驾驶，当飞机不听指挥时，我会很生气。我仔细研究过飞行路线，一想到我没有遵循正确的航线，我就紧张。现在我认识到驾驶舱里还有别人。这是一个重大的解脱。

当然，我不知道驾驶员是谁。在我最乐观的时刻，我觉得它是一个智力超常者，我想它应该是上帝。于是，当我认识到我不能完全掌控我的孩子时，我觉得我可以把他们托付给上帝。我还能希望更多的东西吗？他们被照顾得很好。

但是，我的乐观和悲观是交替出现的。看着孩子们的眼睛，看着繁星满天，看着野花盛开的田野，我的信念会增长，闪闪发光；但是当我浏览报纸，看到生命呈现出令人费解的邪恶面目——怎么可能由一个智力超常者指引呢——我会去想这架飞机或许是由一个疯子驾驶的。但即使是在这种时刻，我仍然设法保留信任。我回想起人类是远古时代生存竞争的结果，那时我们强大、灵巧，异常地足智多谋。现在我们装备精良，如果我们能够生存，那我的孩子们当然也可以。

我所需要做的就是看着我的孩子们玩。他们充满了快乐和热情，跑啊，跳啊，似乎有用不完的能量。每天我都惊异于他们的智慧和创造力。像所有的孩子一样，他们充满好奇，兴趣极其广泛。甚至当他们大发脾气，在一些愚蠢的问题上也毫不让步，或者彼此打架的时候，他们也显示出他们准备好了将生命之战进行到底的勇气。而且他们最终也一定会获胜。

看看埃米利奥如何应对邪恶和死亡是很有帮助的（对乔纳森来说还为时过早）。埃米利奥反对一切辱骂和暴力，不能忍受任何不公正。当猫和狐狸欺骗匹诺曹让他相信可以在树上种出金币时，埃米利奥愤怒了，他让我别读下去了。当听说有人放置了一个捕鼠夹时，他大为震惊。即使看到我打死了一只蚊子，他也会愤慨不已。他甚至拒绝吃肉，声称他不想吃任何动物的肉。

5岁时，埃米利奥以建造他的心灵机器的方式来应对死亡问题，那是一种由彩纸、图案、箭头、带旋钮的屏幕所组成的复杂拼贴画。它可以让我们选择的任何一个人出现在屏幕上，不仅在那个人活着的时候，还可以是他死了之后，甚至包括他过去和未来的化身。埃米利奥用这种方式"收看"了他刚刚去世不久的奶奶，让她出现在屏幕上，和她说话。通过创造一种心灵的网络，埃米利奥战胜了他对死亡的焦虑。

尽管埃米利奥的方法在成人看来是幼稚的，但是他强烈的正义感、他不愿伤害别人的愿望、他的智慧、他面对死亡的积极态度，都在鼓励着我，给我以力量。我在某种程度上，正是我们生命中的痛苦凸显了它的壮丽之处。

也决定不吃肉了。

然后,乐观情绪又开始摇摆不定了。我看着乔纳森的小脸,他刚刚醒来,情绪不好,看起来很害怕的样子。几个小时前他笑得很美,整个世界对他来说是人间天堂,现在他的笑容消失了,我看到他眼睛里的惊恐和害怕。也许在那一刻他想到了他是孤独的,我知道这种痛苦可能会在我孩子生命中的任何时刻出现。

像所有家长一样,我只希望我的孩子健康幸福。甚至一场感冒或头痛在我看来都是不公平的:它们怎么敢折磨一个如此完美漂亮的孩子?但是无论我们怎样设法保护我们的孩子,他们仍然会受苦。他们会长大成人,会在他们的生命过程中不断地受苦,会遭受痛苦、衰老和死亡。

事实上,死亡的威胁存在于生命的整个过程,而在孩子身上这种威胁变得更加清晰和强烈。每个父母在某个时候都会想到这种可能性。对我来说,这种想法是以焦虑的幻想的形式出现的。它是这样发生的:直到埃米利奥快5岁时,我们才让他单独和保姆出门。终于有一天,他和一位性格外向、自信的女孩出门了,他们去了海滩。起初我不以为意,但是一旦意识到我够不着埃米利奥了,我开始担忧。我多傻啊,竟把他托付给了一个我不了解的人!会发生什么事呢?

我的幻想很生动:他被一辆公交车撞了。我看到了这场车祸最可怕的细节——血和尸体。我甚至想象他在生命的最后一刻,一定充满了孤独和被抛弃的感觉。我想象着我们只和乔纳森生活在一起。我想象着我们的痛苦,我们的空虚。

当然,埃米利奥欢天喜地地从海滩回来了,玩得开心极了。但痛苦和不幸仍然作为极小的可能留了下来,让我理解了另一个基本原则:邪恶的存在以一种奇妙的悖论形式,使得一切更强烈和美丽。如果我看到海边的夕阳,我会赞叹它的美丽;但如果我看着它,知道自己第二天就要死去,它的美丽就会更加令人沉痛。一次奇迹般避免的事故、一次病愈康复、一次遇到并被克服的危险,都使我们能够以一种更真实、更深刻的角度去感知生命。

看着孩子们的美丽和纯真,如此纯净又如此脆弱,知道它们不会持久,知道他们也会触及生命的丑陋,变老然后死去,这让我充满恐惧,同时也让我对快乐的时光有了更深的欣赏,因为它们是无价之宝。我感激生命。某种程度上,正是我们生命中的痛苦凸显了它的壮丽之处。在一个没有痛苦和死亡的世界里,美和爱将会是什么样的？很难想象，因为我们离这种状况是如此遥远。我觉得所有的美丽将会变得平庸，所有的爱将会流于单调。

感激。迄今为止，这是对为人父母者最伟大的馈赠——感激被赋予照顾孩子的特权。感激能够享受孩提时代的新鲜与美丽。感激能够回顾那些已经被遗忘的惊奇。感激爱的祝福。自然，我并不是和孩子们在一起时一直都会觉得感激——远远不是这样。我也会感到担心、苦恼、愤怒。但当感激来临时，它具有深刻的治愈作用，它从根本上改变了我的品格和世界观。

如果我想到我爱的人会遭受不幸、病痛和死亡，我会爱他们更多。起初我的爱是焦虑的，慢慢地它变得平静了。邪恶和死亡确定无疑的存在使我们更靠近彼此：知道一切都有终点，生命中的悲剧不可避免，这使得爱更有活力，感激也更加真实。

我还记得乔纳森还没出生时的情景，他看上去生长得不够充分，一个孕期能引起各种各样痛苦的幻想，加上专家的意见，可能性就翻倍了。我们被告知胎儿发育迟缓。为什么？他是虚弱、体型太小、有残疾呢，还是先天缺陷会让他一出生就死掉呢？

我们去做B超，医生详细地指出了未来的乔纳森所有的部位：这些是腿，这是脊柱、头颅，小心脏在跳动。屏幕上出现的幻景，像来自另一个星球的风景。胎儿将在几个星期后出生，我们却在他体内旅行：多么奇妙的穿越！从某种程度上来说，这仿佛是我们与他的会面。旅行结束，"一切正常"这句话让我们长吁了一口气。

我在日落时分驱车下班，看到第一颗星星在空中出现，我倾听着收音机中传来的莫扎特的钢琴协奏曲，突然间感受到了那个将要出生的生命的存在。我确信它不仅仅是一个概念，还是一个如同这辆车或这首曲子一般真实的生命。我不是千里眼，也不是通灵者，但是，正如它曾发生在埃米利奥身上一样，我感受到了我那未出生的孩子强大清晰的存在。我很少能够如此近地感受到一个生命。

解释起来很简单。随着我更深地认识到我们环境的不安全和死亡的可能性，我的感情也被激发出来了。我的体内有一扇门打开了，通向一个广阔、神秘的世界——通常这扇门是关闭着的。也许它在那儿是保护我，保护每一个人，使我们不用直面尚未准备好去面对的现实；但在这个特殊的时刻，那扇门打开了。我走了进去，在那个瞬间，我感知到了那个无形的世界，并能够以从来没有过的明晰方式去爱它。

耐 心 *Patience*

我认识到耐心不仅仅是一种美德,
而且是一种对时间的
完全不同的感知方式。

乔纳森有点怕滑滑梯。或许他有过一次不愉快的经历，所以变得更加谨慎了。他采用了一种新方法来玩滑梯：他从底部开始向上爬几步，然后慢慢滑下来。这对他来说已经足够了。每次他都向上爬得高一点儿，向下滑得快一点儿。他时而看看我，对自己很满意的样子，靠着滑梯拍着小手，好像在说"我做到了"。我很为他感到高兴。

但形势很快变得复杂起来，一些大得多的孩子也加入了其中。他们只想快速从滑梯上滑下来，甚至没有注意到乔纳森。乔纳森按自己的节奏爬上去，然后面对着这些精力旺盛的小子，只好再退下来让他们先滑。滑梯偶尔也有空闲的一小会儿，让他能够再碰碰运气，但却只能眼睁睁地看着大孩子们重新占领了滑梯。本来他离掌控滑梯只有咫尺之遥。我知道能够从滑梯上滑下来对他意义重大，通过放手去做，他一直在进步并获得了信心，但现在全完了。

事情似乎还没有完。又有两个孩子开始在滑梯边吵起架来，乔纳森离得很近地看着他们，他的节奏完全被打断了。他看起来一片茫然。

我觉得很窝火。不管何时乔纳森开始爬，他都得靠边站。我注意到自己生出了一种混合着焦躁的不安感受。正当乔纳森要向成功迈出最后一步时，他被打断了。

我想带他到另外一个滑梯那儿，让他平静地继续他那虽然慢却有条不紊的工作，接着我便意识到这是自欺欺人罢了。生活本身就是乱糟糟、闹哄哄的，有时还是毫无意义的，想要不受干扰地工作简直就是奢望，我们要学会应对混乱和不完整。不管是乔纳森还是我，都得学会耐心。

有一天，我和埃米利奥一起玩，我们是这样玩的：他把一个靠垫放在地板上，然后躺在上面，我要装作路过，看到靠垫却没注意到埃米利奥，然后我要说"放个靠垫在这儿干嘛？"接着把靠垫连同40磅重的埃米利奥捡起来放回原处，并很吃惊地喊道："但是这不是一个靠垫！这是我儿子！"不知为什么，埃米利奥非常喜欢这个游戏。刚开始时我也喜欢，我看着他躺下来，闭上眼睛，微笑地期待着那令人振奋的惊奇。"这个靠垫有声音，有胳膊和腿，看起来像埃米利奥……等一下，它就是埃米利奥！"开始时我们都玩得很开心。但他想要一遍一遍地反复玩这个游戏，而且每一次都乐此不疲。

我知道重复对孩子来说很重要，那是孩子们对事物进行理解、感到放心和加以吸收的方式。每次游戏结束时，都伴随着埃米利奥热情高涨的"再来一次！"的欢呼声，于是我又再来一次。然而，过了一阵，我开始感到厌烦和疲倦。最后埃米利奥说："够了。"我如释重负。或许我们可以玩一些更有趣的游戏，我让他选择，但令我大吃一惊的是："让我们把家里的靠垫都拿出来，还玩那个游戏吧。"

和埃米利奥、乔纳森在一起，我觉得自己总是在不断地重复。比如，我抱着乔纳森在音乐声中走来走去，摇晃着哄他入睡。如果时间不长，这还是很可爱的，但有些晚上他要花很长时间才能睡着，我感觉自己变成了一架摇晃机器。从前是我选择伴奏音乐，现在是他选择让人无法忍受的儿歌，我们得反复地听上几百遍。终于，当我认为他睡着了，极其轻柔、缓慢地把他放到了床上以免吵醒他，心里期待着终于重获自由了，可是我刚把他放下，乔纳森就开始愤怒地哭叫，我们又得从头再来。

我需要对这两个孩子有耐心，这一点我在拥有他们之前就知道了，但直到我全神贯注于父亲这个角色时，我才完全意识到它：我需要极大的耐心。

我相信这是我们共同的命运。如果我们有了家庭，我们就不得不无数次地面对一些典型的状况：翻来覆去地说同样的事情；不停地被打断；调整自己去适应孩子的节奏；接受无序和混乱；放弃我们自己的计划。

这已经足以制造一个噩梦般的世界了——它与普通的世界类似并相互交叉，但是其中却有成千上万的机制要么使它慢下来，要么使它崩溃。即使是最恶毒的头脑，也构思不出这样一种让我们的神经精疲力竭的精妙方法。

如果我们以过高的期望和强硬的态度去面对这个世界，我们会身处困境，因为它就是这样组织起来的，好像就是为了一点一点地瓦解我们生活的整体运行。幸好还有备选方案，也许还是唯一的方案——将困难看成一所学校，在其中我们将领会到耐心的必要价值。

我这个人总是缺乏耐心，仅仅是排队或等电梯对我来说都是一种折磨。等交通信号灯的时候，我经常觉得它一定是坏了，因为它变成绿色时从来不够快。如果有人没能立即领会我说的话，我很容易恼怒。

我就是这样的人，我的内在节奏很快，所以觉得自己总是在等待。和孩子们在一起对我来说是个持续的挑战，因为我不得不学会慢下来，极其缓慢。从理论上来说，我认为我们要尊重他们的节奏。但在实践中，这太过分了。我变得不耐烦，催促着每个人，然后我意识到自己错了，干扰了一个精细的过程。没人喜欢被催促，我确信对孩子来说这是一个小小的侵犯。

童年时期最常见的事故之一，是大人在匆忙中过于用力地拉拽孩子，导致孩子肩膀脱臼，这绝非巧合。这是一个象征，就好像我们强行要将孩子从他们的世界里拖开。而且一如既往地，我们对别人做的事也是我们对自己所做的：我们也将自己从生活中拉开，从与世界接触的机会中拉开。

我们多么频繁地听到自己对孩子说，"快点，麻利点儿！还要让我等多久？"但是匆忙根本不属于孩子自身的成长方式。埃米利奥有一次问我，"什么时候时间会结束？"——也就是说，什么时候时间会停止？我想他的意思是，这场竞赛什么时候能结束？什么时候时间走到尽头，我们能够平静地生活？

当然，孩子们必须学会在世界里生活，学会遵守他们的承诺，学会守时。但是我们在这里讨论的主题并不是孩子们需要去实践什么，而是父母能够学到什么。

像我这样喜欢闪电般速度的人，现在却要来赞颂一下缓慢。我不由自主地学会了去欣赏缓慢，它把时间稀释了，除了去做我现在正在做的事情，没有什么目标值得追求，我也不必去和其他人竞争。匆忙常常是基于恐惧——怕不能及时完成，缓慢却不是这样，我可以尽情享受每一刻，并最终了解自己。

有时候，当我放弃匆忙的直达目的的欲望时，我接受了乔纳森或埃米利奥的节奏。我意识到自己加入了耐心这所学校。

这所学校的学业虽然很艰苦，却能让人获益良多。我认识到耐心不仅仅是一种美德，而且是一种对时间的完全不同的感知方式。这意味着时间并不是以线性方式让人备感压力地飞驰而过，然后便失效了，而是一种始终存在的时间，我在其中自由地徜徉。

这在任何地方都很适用：大街上、游乐场、火车站。我不再一分为二，一部分和孩子们在一起，另一部分却想要奋力加速。现在我能够全身心地付出，耐心是一种更有效率的爱的方式。

我第一次碰到耐心这个问题，是在埃米利奥出生的时候。他出生用了12个小时，对于头胎孩子来说是很正常的，但对我来说却绝非如此。那12个小时感觉就像12个千年。伴随着宫颈的逐步扩张，宝宝必须缓缓下降。他得通过一道将他与世界分隔开的走廊，这是一条仅仅只有几厘米长的隧道，却充满了无数的感觉和危险，也许还有疼痛。这是一次星际旅行。但是，埃米利奥的速度只有每小时几厘米，一切都进行得如此缓慢。对此我感到无比痛苦，就好像生活在一个慢动作的世界中。

几年以后，我带乔纳森出去玩，他还不会走路，所以我抱着他。他东瞅瞅，西看看，对一切都充满了好奇。他指着一棵树，我们走上前去，他摸摸树皮，对这种奇怪的皮肤着了迷。那种树皮又干又脆，很容易剥下来，我任由他去剥。他被吸引了，继续触摸着、拍打着，手里拿着一片翻来覆去地仔细观察。

起初，我也分享着他的好奇。我想象着第一次看到树皮应该是什么样子。过了一会儿，我觉得他看得和摸得时间够长了，就准备离开。但是遭到了乔纳森的反对，他还想待在那儿。过了一会儿，我又试着要走，但他仍然兴致不减。我决定还是不要打断他。我等着他，而他继续观察着。然后，他比画着想要我带他去附近的另一棵树那里，他开始查看它的树皮。我希望这次时间能短点儿，但是耗时更长。这是一种不同的树皮，薄得多，也光滑得多，差不多像纸一样。树皮下的树干潮湿而柔软。我的胳膊累了，我想要回家。终于，乔纳森示意他查看完第二棵树了。好，那么我们走吧。噢，不行！他想要再回到第一棵树那里，或许是想做个比较，或者是想做进一步的研究。

我突然意识到，我必须丢掉我所有的不耐烦。当乔纳森再次触摸和观察第一棵树的时候，我尝试着用他的方式去看待事物。这里我们有真正的理解和纯粹的兴趣。我开始理解思索到底是什么意思了。

我知道我必须学会尊重孩子的节奏。但是有一个问题，为了尊重他们的节奏，有时我就不得不放弃自己的节奏。我们每个人都有节奏，可能是混乱的，也可能是协调的，但都像指纹一样独特。当被迫放弃自己的节奏时，我们的反应都会带着怨气，这发生在我们与孩子的相处中，也发生在我们自己的成长中。我们需要认识到，世界上不仅仅有我们自己的节奏——我们欲望的节奏、冲动的节奏、计划的节奏,而且还有更广阔、更和谐的节奏,比如大自然的节奏、我们更深的生命的节奏。只有通过这种方式,我们的时间感才会扩展,并一点一点地消融。

我看着只有几个月大的乔纳森,他正在吃奶,时间对他来说根本就不存在,他安静地吮吸着,享受着怀抱的温暖、皮肤的接触、妈妈的心跳以及乳汁香甜的味道。偶尔他会停下来看看四周,或者微笑着看着妈妈。这是多么完美的平静,没有之前,也没有以后。为什么要有呢?这让我想以一种远距离但非常近似的方式,加入到这种状态中去。当我看着他时我想:除了就这样以外,还有什么必须要去做的呢?

但是,如果我们要外出,或者如果我们需要赶时间呢?我们正要出门时,乔纳森不干了,他想要吃奶。等等!对我们来说这是多么沮丧的事:我们要迟到了。埃米利奥情绪也不好,踢掉鞋袜,他饿了,要吃东西,并且把食物溅到了他的衬衫上。我们要给他换件衣服,他却自顾自玩开了,要打断他可没那么容易。

与此同时,乔纳森在吃奶。慢慢地,我们感受到了他的平静。也许这就是我们应当拥有的生活吧。你需要有耐心——耐心是一种解脱。我身上一种根深蒂固、由来已久的紧张感松弛了下来，我可以更加自由地呼吸了。耐心就如同一扇诱人而半开的门，开向永恒的现在。

这些关于耐心的教益并不是特定的，它们很容易延伸到生活中的其他领域。等着埃米利奥系鞋带这件事，可以帮助我去等待一个办事员——在回答我的问题之前，他在慢慢地有条不紊地整理他的办公桌。让乔纳森按他自己的速度吃饭这件事，可以帮助我在商店里等待一位小老太太对柜台后的男人絮叨完她的故事。我不会用脚敲击地板，不会肌肉紧张，也不会暗地里责骂那个迫使我等待的人。我不再因为浪费时间而恐慌，而是深呼吸，让自己进入一种心平气和的状态。在这种状态里，我不会有什么损失。我重新发现了耐心是友善的一种形式，是对其他人节奏的接受。我觉悟到了体验时间的新方式。

"耐心"源自拉丁文"patire"，意思是忍受。在为人父母的过程中，如同在所有最吸引人的冒险中一样，你有时候需要去忍受。每一项事业都要求一定程度的忍受，即使是那给予我们最大欢乐和热情的最美好的计划，早晚也会进入危机阶段。

耐心是一种更有效率的爱的方式。

也许事物正是这样发展的。为了能真正欣赏我们眼前的东西，我们必须经受这样的考验。因为激情牵涉到我们整个身心，它不仅仅是一种短暂的愉悦，而是伴随着所有的计划。不管是学习一门语言，开始一段旅程，学习演奏一种乐器，还是学习使用电脑，我们不可避免地都会到达某个临界点，开始对自己为什么要承担这项任务心生疑虑。

我们觉得气馁，在那一刻，我们不光遇到了计划中最难的部分，还发现了自己脆弱的一面。我们遭遇了之前不为我们所知的那部分自己。我们必须征服它，而不是让它去支配我们。

这正是我在为人父母的过程中学到的。几乎所有的父母都面临过怀疑、气馁、困惑的时刻。当然，这在我身上发生过很多次。

举个例子吧。我、埃米利奥和乔纳森一起去公园。我们给乔纳森租了辆三轮脚踏车，给埃米利奥租了轮滑和头盔，但我们要走一段很长的路才能到达自行车道。乔纳森心情恶劣，一步也不情愿走。为了避免长时间的争论，我不得不抱着他。埃米利奥则精神恍惚，步伐缓慢，动不动就停下来问我一些奇怪的问题，我都尽力给予回答，尽管乔纳森一个劲儿地打断我们的对话。去公园的路况复杂，路上的汽车开得很快，还得经过几个十字路口。我不但抱着乔纳森，还拿着他的三轮脚踏车，而埃米利奥则拖着装有轮滑鞋和护膝的塑料袋，一路抱怨它们太沉了。我们很着急，因为所有的东西都得在一个小时内归还。好不容易到了目的地时，结果却发现三轮车对乔纳森来说太大了，轮滑对埃米利奥又太紧了。仿佛这还不够糟糕似的，天开始下起雨来。我们没得选择，只能返回商店。带着两个怏怏不乐的孩子，我又在雨中开始了另一段漫长的冒险。

就在那时，我感到了一种混合着愤怒和怀疑的情绪：我怎么落到这样一种可笑的境地？对我来说，这不只是短暂的挫折感，而是一次真正的危机。这段经历，连同它那痛苦的荒唐，在我看来是我身为人父的生活的一个准确象征。

这种处境没有任何令人欣慰之处。我陷入了沮丧。与其说是因为短暂的挫败，不如说是因为再次意识到生活是多么复杂和不完美，特别是对父母来说。

沮丧还在增加。我没有生气，我明白生气是愚蠢的，但我感觉自己像是在做自由落体运动，没有支持，没有希望。这是某个落入深渊的人的邪恶笑声吗？不是。这是一种精神状态，尽管表面上看似曾相识，实际上却恰好相反。我想起，有时候我在那些经验丰富的父母脸上所看到的古怪笑容。

受苦是生活的一部分，如果我们可以没有它，那当然更好，但有时它是不可避免的。学会去面对苦难，会将我们的损失降到最低，也许还会发现我们身上所具有的新的能力，这在我看来是我们的基本任务之一。这也是耐心，以及生活的艺术。

智 慧 *Intelligence*

当我获得哪怕是最微小的成功,
唤起了内心或调用了想象力时,
我都会感到自己是完整的,
充满了生命的活力。

埃米利奥拉在裤子上了。他在花园里，已经把裤子脱下来了，但还是搞得到处都是。这简直是场灾难，他的哭声传达出一种彻底的绝望。

正在这时，太阳落山了，天边一片火红，散发出不可思议的霞光，映在我们的脸上和我们身边的所有东西上。这是一个特别的日落时分。当我走近埃米利奥时，他看着太阳突然说："为什么太阳是红色的？"此时此刻，他的好奇心被点燃了，绝望消失了。他拉的臭臭被抛之脑后，世界充满了趣味。

可是，这仅仅只停留了片刻工夫。一秒钟后，埃米利奥又开始号啕大哭。现在，生活又切换成悲剧。我稍微顿了一拍，回答说："太阳之所以是红色的，因为它的光线穿过了大气层。"

埃米利奥虽然还沉浸在绝望中，但他听到了我的话。

与此同时，我把他带回家，抱到楼上去冲洗。"什么是大气层？"我看到了他眼中流露出的兴趣。这个话题很重要，他想要了解。

悲剧接着又重新出现了。我们到了洗手间，身上沾满臭臭是多么丢脸啊。我仍然停顿了一下才说："大气层就是地球周围的空气。"

"它怎么会在周围呢？"他的好奇心又回来了。然而，啼哭最终占了上风。

在为埃米利奥清洗的时候，我陷入了沉思。他执着地询问着为什么，即使是在如此令人不快的情况下，这让我印象深刻。他富于探索的大脑不断地将已知事实和新的数据整合起来，做出假设并进行验证，总是试图超越它的限度，不停地给我带来惊喜。

作为一个成人，我的脑子常常只停留在列购物清单和读报纸的运动版。而埃米利奥，像所有的孩子一样，有着新鲜而充满活力的大脑。即使是最普通的事情也能引起他巨大的兴趣。他的世界里总有引人注目的事情在发生。他总是在观察和实验。

我发现埃米利奥的问题很有趣，像所有孩子提出的问题一样，它们让人发狂地难以回答，却又非常合情合理。我把它们简要地记下来,并把它们分成了几类。这里列出几条。

关于意义的问题:"宁愿(rather)"和"反而(instead)"这两个词有什么区别?什么是死亡?"意义"又是什么意思?

神学问题:上帝能创造出比自己更厉害的人吗?为什么上帝创造了一些没用的东西?如果我假装我有个想法,但实际上什么想法也没有,上帝会觉得我有想法吗?上帝能不能选择不存在?

心理学和伦理学问题:如果我把妈妈杀了,你还会爱我吗?伤害一个快乐的人或伤害一个不快乐的人,哪一种更糟?

假设的问题:如果一辆车冲进我们家,会怎么样呢?如果一个贼偷走了我们所有的毛巾,会发生什么呢?

结构问题:为什么我看不到自己的脸?

历史问题:你是从哪里来的?在生命产生以前有什么东西存在吗?

形而上学问题:生命全是一场梦吗?万物是什么?

这些问题常常会引出具有重大意义的哲学和科学问题,它们常常让我觉得太深奥和难以回答。我觉得难堪,不过这种难堪是积极意义上的。与一颗好奇的头脑相伴，是对我智力的一个滋补。

乔纳森还太小，问不出什么问题，但他也相当机灵。他的好奇心是针对人的。我们在火车上，乔纳森开始展现他的特长：去认识每一个人。他走向在场的每个人，站在他或她面前，注视着对方，对人家微笑或挥手。总之他绝不放弃，直到与人接触成功。

随着他在车厢内移动，我从他眼里看到了形形色色的人：黑衣女人正在讲电话，装作没有看见他。那个年轻人为了逗他，模仿动物的叫声。带着厚厚眼镜的腼腆中年男人不知该如何应对，但最后还是微笑了。耀眼的金发美女，身体前倾，好像在说："再来！再来！"开心大笑的学生。年长的女士微笑着，或许是回想起了自己的经历。

乔纳森停下来观察，每个人都是一颗不同的星球，他在每颗星球上着陆并探索着。他没有任何禁忌，陶醉地研究着每一个人。这也是智慧的一种形式。对我来说，火车上的人都是无形的存在，对他却是各种各样的发现。由于我也加入了乔纳森的这场星际旅行，我觉得火车上的时光充实多了。

充满活力的智慧往往剑走偏锋,它不按预先安排好的逻辑前进,而是采用所有可用的方式。

埃米利奥的众多爱好之一是去超市骑电动马:两分钟 50 便士。马一动起来,埃米利奥就被带入了仙境,他的小脸惊异得变了形。他一度想出了一个主意:把硬币放进投币口,自己却不爬上去——他只是想看看马奔驰的样子。"埃米利奥,你在浪费钱,马儿自己跑,你却没有玩!"但劝说无效,他就是想去观察。人们从这里路过,向我们投来茫然的目光,这让我感到很不自在。

埃米利奥隔着一段距离研究着电动马,他感到非常满意。最后,当他看到一个小女孩路过并投来很有兴趣的目光时,就把最后一枚硬币给了她:这样,小女孩就可以去骑电动马了。

这给我上了很好的一课。

我的大脑总是墨守成规:塞入硬币,骑马,回家。埃米利奥的大脑则更开阔和标新立异。好玩,进入一个神奇的世界,仅仅是他行为动因的一小部分,他想要研究电动马上上下下的动作,或许他想知道是什么给了他飞驰的快乐。那个小女孩偶然路过,而他却把她也加入到活动中,这些都是生气勃勃的大脑所特有的行为:从一个崭新的视角去看这个世界，把未曾预见的事件纳入到正在想或正在做的事情中。

孩子的思维经常是发散的，它并不选择可行的路线，而是信马由缰。它不一定按照某个物体或工具的功能使用它，而是寻求另外的方式。比如，埃米利奥玩橡皮印章，一面是印章，另一面是用来抓住印章的海绵，埃米利奥却反过来使用它：用海绵来盖章。再比如，他不用橡皮擦东西，而是把它放进水彩颜料里。在这两个例子中，结果都是多彩而富有想象力的画——比起用常规方式使用印章或橡皮来画画，要有创意多了。

创造性思维并不只是聚焦在人人都能看得见的东西上，它还对大多数人都认为无关紧要的细节充满好奇。在我看来，孩子们正是这样做的。我曾把一张旧报纸铺在埃米利奥的画架上，然后在上面铺上一张白纸。每次在我放上一张新的白纸之前，埃米利奥都会端详报纸上照片里的人物，很想知道他们的故事：汽车司机翻进峡谷，这是怎么发生的？谁去营救他？他们怎么把车拉上来的？司机目前的状况怎么样？等等。这把我们从画画这件事扯远了，但却让我看到了打破砂锅问到底的思维是怎么进行的，那就是保持多重维度的开放心态。

孩子们每时每刻都在做实验。他们把物体从高脚椅上扔下来,观察重力是如何起作用的;他们玩冰,看着它变成水——观察物体从一种状态转化为另一种状态;他们让你抓狂,以了解你的心理如何变化,尽管他们还不会使用那些措辞。

数学是孩子们的另一大研究领域。我喜欢看我的孩子们玩数学。我和乔纳森坐在等候室里,我不知道该如何打发和他在一起的这段时间,于是把一些纸揉成了4个小球,乔纳森立刻被吸引了。他一个一个地把它们拿开,好像是在数数似的,然后又把它们还给我。我藏起来一个,然后张开手掌让他看剩下的三个。乔纳森立刻注意到有一个球不见了。"哦!"他说,等着我把那个球再加进去。等我这样做了,他又要求我把它拿开,然后是拿开两个,接着再拿开三个。有一位女士坐在附近看着我们,乔纳森给了她一个小球,然后又给了一个,然后回过头来看我手里还剩下多少。他不停地玩着不同的组合,半个小时就这样过去了。

埃米利奥因为肚子疼,半夜醒来了,我冲了一杯甘菊茶给他喝,一次一勺。每次喝下去,埃米利奥就做一次备注:"肚子疼二,肚子疼一,肚子疼零,肚子疼负一，肚子疼负二，肚子疼负四。"最后一个听起来好像是数错了，我没说话，埃米利奥很快解释道："我喝了两口，不是一口。"数字降到零的时候，意味着肚子已经不疼了，负数则表示肚子好多了，这就是我们在深夜两点发现的代数。

我也喜欢看我的孩子们探索身体的各个方面及其可能性。乔纳森惊奇地发现他有两只手和两只脚。他身体弯向地面，双手撑地，从双腿之间看世界。他让我把他抛向空中，享受失重的感觉。他攀爬一切能爬的东西，抓住我的手向后跳下去，开心地大笑。他要我挠他的脚心。随着音乐的节奏，他弯下膝盖，然后像巴厘岛的舞者一样，双手在空中挥舞。他蒙上眼睛，认为我不再能够看到他，然后又揭开。他用手盖住耳朵又移开：声音——寂静——声音——寂静。他尝试用不同的方式走路，像士兵，像芭蕾舞演员，像醉酒的人。他坐在秋千上，让我推他一把。他尝试着用嘴发出各种声音。有一天，他正在快乐地走着，突然停下来摸摸自己的舌头，他可能是生平第一次注意到了它。

几乎所有的孩子都有极其丰富的想象力，至少，只要我们成年人不去压制它。一个孩子可以连续几天一个接一个不停地创造故事，容易得就像我们呼吸一样。他们非常享受听自己给自己讲故事，这在我看来几乎是一种基本需求。

有一天，我和埃米利奥着手去画简单的迷宫。他本应沿着一条从"开始"到中心的路线去画，我觉得这就是它所具有的一切了。但才不是这样！我们画出了充满陷阱和危险的迷宫，有多个出口的之字形迷宫，还有我们会在其中遭遇各种怪兽、人、珍宝、心形、埃米利奥的朋友、蛋筒冰淇淋等等的迷宫。它们已经不再是迷宫了，而是思维的冒险。

充满活力的想象在使用比喻时也被激发出来。像许多两到 6 岁的孩子，埃米利奥使用比喻来解释一些情况。

雨是天空在哭泣，妈妈的乳头是一朵花，西兰花是小树，车前灯是汽车的眼睛，小溪流水潺潺是在笑。比喻展现了事物之间隐藏着的联系和相似之处，越过理性思维的边界连接在一起。这些都以微妙的方式加深了我们对世界的理解。

怎么看待注意力这个问题？我们会不假思索地说孩子注意力集中的时间很短。但也许这样看才更准确，即，他们充满活力的注意力是由生气勃勃、闪烁的好奇心所支撑的，而这种好奇不断地指向新的事物。即使如此，孩子们有时也会具有一种全神贯注的非凡能力。

8个月大的乔纳森发现了一个塑料瓶。他把它拿在手里，从多个角度观察着它，把它举到嘴边又放下，看着它转来转去直到停下来。他的好奇心被激发起来了，他观察了一会儿，然后把它抛在一边，离开了。不过他立刻又回来了：瓶子是仍然在原地，还是消失了？他把这个顺序重复了很多遍，滚动瓶子，然后再把它拿到手上，看所有这些作用是否以某种方式改变了瓶子。他在这个瓶子上花了大概20分钟，思维完全集中，全神贯注于这个实验。

在这个过程中，我一直陪着他，决定仅仅是集中注意力和去观察。起初我觉得烦，而且心不在焉，后来我的精神完全集中了。我几乎忘记了我能够如此自然和心无旁骛地集中注意力。

和埃米利奥、乔纳森生活在一起，就像是与两个科学家—哲学家—艺术家一起生活似的，他们的品质具有深深的感染力。这些品质传播到我这里，让我得到了扩展。它们激发了我的思维，并把我的思维引向四面八方。他们的故事和比喻唤醒了我的想象力，他们艰难的问题充满活力的智慧往往剑走偏锋,它不按预先安排好的逻辑前进,而是采用所有可用的方式。

引导我用一颗赤子之心去再次思考。孩子们的好奇心通过共鸣激活了我的好奇心,他们的大脑激发了我的思考,正如它们创造出了清晰、强有力的想法一样。

我一向把大脑看成是赋予我的生命以兴趣和营养的源泉,因为我是一个作家、教师,又是一名治疗师。我也将大脑看作是一个专业工具,想让它成为一个运行良好的仪器。我知道它需要维护,并相信我总能找到调整和使用它的新方式。和我的孩子们在一起,帮助我发展出了运用大脑的几个黄金法则:

承认犯错误的可能性。自从我成为一个父亲以来,我所有的信念,从教育理念到烤面包的最佳方法,都受到了挑战。我发现这些挑战有时候让人耳目一新,有时候让人精疲力竭,但总是有用的。对从前我所确信的东西我有所动摇,而非默守成见,这赋予了我一个衡量健康的怀疑主义和智力上弱点的好办法。

再次成为初学者。一切重新开始,追溯事物的本质。我能不能把一个事件、一个想法、一个机器如何运转解释给一个孩子听?如果不行,那是我自己并没有真正理解它的意义。为什么镜子里所反映的世界是左右颠倒而非上下颠倒?埃米利奥问。嗯,我不知道。在写信或准备演讲稿时，我发现自己开始问简单的问题，用全新的眼光去观照旧的信念，重视将事物简化。

鼓励好奇心。别忘了，它可是人类生存下来的方式。好奇心是我们最重要的财富之一。如果我脑子里产生了一个新兴趣或者新问题，我不会像过去那样，认为它浪费时间或直接无视它，相反，我会欢迎它，并尽力去发展它。能重新找回好奇心令人兴奋。

重视象征和比喻的价值。"我像是大海惊涛骇浪里的一叶小舟""我感到被囚禁了""这是个陷阱""我感觉到了生命力的新浪潮""你是我的珍宝"，我们无时无刻不在使用象征，大部分时间甚至自己都没有意识到。现在我重新发现了这种思考方式，我发现它让我们更深地理解了意义。如果我想要更好地理解一个状况，我就问自己，一个诗人或一个孩子在这种情况下会采用什么样的比喻呢？

给非理性留下空间。逻辑和理性当然不错，但那是全部吗？和孩子们在一起让我看到，我们有比 2+2=4 或 $E=mc^2$ 更深入的智力形式。"我知道一些事情，但是我无法给出任何逻辑证明""我有一种直觉"，是的，我想要更多地倾听我的直觉和本能。

全神贯注于自己感兴趣的方面。我相信我们都教过孩子不集中注意力会怎样。所谓"遥控器"文化——肤浅地从一个主题转向另一个,影响了我们思考和将事物联系起来的方式。我们可不可以让孩子教我们如何集中注意力呢?至于我自己,我重新获得了全神贯注于某个主题的快乐——自然、音乐、观念,这些主题强烈地唤起我的兴趣。我将"遥控器"抛到脑后,全身心地投入到我的兴趣中,就像个孩子一样。

最后,还有我的孩子脑子里所萦绕的一种不同的思维顺序,激发了我的思考。

有一天晚上,我和埃米利奥开车回家。他坐在后排的安全座椅上,我们聊了一会儿之后,他安静了下来。天晚了。他是不是睡着了?不,长时间的沉默后,他说道:"爸爸,明天我们查一下百科全书,看看'灵魂'是什么意思。"他脑子里刚才想了些什么?为什么突然谈起这个话题?我想问,但又觉得是一种侵扰,我试图猜测他的想法,于是只是简单地回答:"好的。"我们又回到了夜晚的宁静之中。埃米利奥心满意足,睡着了。那是5月一个美好的夜晚,星星在天空闪烁。人的大脑是个谜,我对此充满了惊奇。

然而，我的大脑并不仅仅通过共鸣获得刺激，它还有另一种开启方式，虽然更为费劲却同样富有成效。每天，和孩子们一起生活都会给予我选择、挑战、问题和困难。像任何父母一样，我也需要将大脑锻炼出思想上的敏捷、心灵上的智慧和创造性。有时候我反应迟钝、笨拙，仅仅遵循着自己的条件反射，而有时候我表现得会更好一些。

我的日常生活可以提供一些例子。有一次，我们正准备驱车离开一个停车场，有人看到我们要离开，在旁边等着我们的停车位，他身后是其他等候通过的车。突然，埃米利奥说他想玩变速杆和制动器。"埃米利奥，现在不是玩的时候。"我告诉他。我受不了让别人等。有人按喇叭了，我更加急躁，而埃米利奥还在坚持。我抱起他，把他固定在安全座椅上，把车开走了。埃米利奥放声大哭。也许我做了我唯一能做的事，但我并没有表现出思想的敏捷，更谈不上创造性。对我来说，这是个小小的挫败。

在另一个场景中，埃米利奥开始表现得让人难以对付。他不想吃我给他准备的炒鸡蛋，而是坚持要吃半熟的煮鸡蛋。他变成了一个小暴君。我直截了当地告诉他:"要么炒鸡蛋,要么啥都没有。"我看到他又累又受挫又暴躁,此刻的我其实和他一模一样。我不想浪费一个鸡蛋,也不喜欢被儿子虐待和颐指气使,或者让这一天以别扭收场。于是我试图讲道理给他听。这回我编了一个故事:从前有一个小孩子,总是想要不是给他的东西,整天因为到手的东西不够好而哭哭咧咧,人们都劝他不要这样,但全都是徒劳。直到有一天,一个蓝色的精灵出现了,它说:"说吧,随便你想要什么。"这孩子要求了那么多东西,最后他精疲力竭,睡着了。第二天,当他醒来的时候,他很开心,对什么都感到满意。埃米利奥被逗乐了,对这个故事很感兴趣。故事讲完后,他主动要求吃炒鸡蛋了。

在这个例子中,我不是掀起一场意志的较量,像两头公牛在角斗中把犄角缠在一起,而是发现了一种解决方法,既不损害双方的尊严,又让彼此都满意。我们都感觉好多了,可以说我们前进了一步。

再举一个例子。还是一个傍晚,也是让全家人焦头烂额的时间。乔纳森感冒了,情绪不好,一直在哭,想要被抱在怀里摇晃。跟妈妈在一起时,他想要爸爸;跟爸爸在一起时,又想要妈妈。当我们都在他身边时,他哭闹得更凶了。他已经失控了。我抱着他摇晃，但是没有用。突然我冒出了个新点子，我跟他讲所有爱他的人，他很有兴致地听着，全神贯注，停止了哭泣。我让他想想他最喜欢做的事：看图画书上的豌豆和草莓、采摘小黄花、吃饼干、唱"生日快乐"歌。乔纳森听得很认真，我一停下来，他就着急地咕哝着"嗯"让我继续讲。我接着想其他的办法。我想起他新近学会和爱说的几个词，比如他想指什么用的"那儿"，还有他最近的收获"你好"（ciao）。他特别喜欢这个词，常常很开心地说："你——好（taooooo）！"好像问候某个多年未见的老友。他灿烂地笑了。我做到了，我成功地让他安静了下来。我把他抱给薇薇安，他向妈妈问了声可爱的"你——好"，愿意去睡觉了。

我并不是一个天才，但我应付了一次突发情况，解决了一个难题。自己感觉好极了。

与孩子的日日相伴，我会遇到有待解决的困难、有待治愈的伤痛、有待理清的混乱。为人父母决非普通的管理问题，因为并不能像普通的管理者那样容易脱身。这项事业凝结了我所有的资源，每次当我没能成功地解决问题、减轻不适或拓宽视野时，我都会有负罪感和挫败感。而当我获得哪怕是最微小的成功,唤起了内心或调用了想象力时,我都会感到自己是完整的,充满了生命的活力。

游 戏 *Play*

去倾听。去存在。

让生活自发地发生。

我们已经遗忘了这些沉思的态度——

然而它们可以帮助我们重新发现爱和奇迹。

一天，我决定把乔纳森的笑容拍下来。孩子的笑是如此单纯灿烂，足以感化最铁石心肠的人。它和布满繁星的夜空、不知名的野花以及某些山区景色，是我所知道的世上最美的风景。

我准备好照相机，等待着。没有比这更简单的了，我想。这个年龄的孩子笑是家常便饭。但是等着我的却是惊奇。乔纳森看着我，表情严肃而又认真。透过取景框，我看到他正在研究照相机。他状态挺好，就是不笑。

我放下照相机，乔纳森立刻给了我一个绝妙的笑脸——他张开还没有长牙齿的嘴巴，露出了天真的笑容，让我心里充满了柔情。我赶紧拿起相机，他的笑容不见了，也许是因为看不到相机后面我的脸了吧。我把相机举到一个位置，头从一侧伸出来，这样他就可以继续看到我了。可还是运气不佳。我一把相机放下来，他又灿烂地笑起来。他这是在逗我吗?

我开始发出所有可笑的响声,即通常能逗孩子开心却让成人看起来像傻瓜的那些响声,对乔纳森来说这招总是很管用。但这次却是例外,他那张脸始终严肃地绷着。我叫薇薇安和他说话——她总是能让他绽放出最美好的笑容,可还是没有成功。

我开始觉得可笑了。我待在相机后面,尽力用各种怪诞的声音和姿势,唤起世界上最自然的事。我试图在我的孩子身上激起一种情绪,为了把它留在照片上以便永久保存。这样做时,我和他失去了接触,中止了享受我们在一起的时光。我终于明白了,我不能去强迫那些天性的、自发的东西。

我决定等一等,接受了乔纳森可能不笑的事实。我拍了他不同表情的一些照片:惊讶的、怀疑的、兴趣盎然的。我发现它们一样美丽。我释然了。现在我不再希望不惜代价地去促成一些事情发生。我明白了,对于正在发生的事我得顺其自然。然后,在我最不经意的时候,乔纳森笑了。没有比这更合适的时机了,他好像是在告诉我——你终于明白了!我不再希望他处于某种状态了,只是享受与他的接触。这一次,我成功地拍下了他的笑容。

自发和计划之间的区别，就好像溪流的水道与火车路线之间的区别。一个流过石头、植物，在两岸间时而缓慢时而湍急地流动着，处处反射着天光云影，永不停歇；另一个则是哐当哐当地前进，按照预先计划时时停下来。我们既可以生活得像溪流或者火车，根据既定路线前行，努力使生活顺应我们的需要，也可以像溪流一样顺应我们所遇到的一切，毫不费力地流动。

一天，我发现自己有很多时间可以和埃米利奥在一起。这种情况下我通常会问他："今天你想做什么？"然后列出所有的可能。让他自己去选择，我感觉自己很民主，尽管菜单是我列出的。我列出了不同的选项——骑车、画画、读书，同时也界定了看待生活本身的方式：从一系列的备选中选择，制定一天的计划。

一个孩子的大脑可不是这样想的。他的想法和行为时不时自发地、毫无预兆地出现。那天我决定什么也不提供：我保持沉默，让埃米利奥掌握主动权。他一点时间都没浪费，发明了新游戏，轻松地从一个活动转换到另一个，根本不用担心下一步该干什么。他就像一个玩杂耍的人，不用考虑该如何抓住下一个球，但他就是抓住了。

通过提供可供选择的活动单，我只是成功地让他的世界变得呆板，而且被分隔得四分五裂。或者，我可以向他学习，在玩的时候从一个活动自然和谐地过渡到另一个活动。我们扮演邮差和医生，用石头和干树叶创作艺术品，写字，蹦跳，把各种材料混在一起做饭（每一种材料都有一个不同的故事），发明新词语，数贴图和贴贴图，准备食物，打电话问确切的时间，使用剪刀和透明胶带，还有许多我的活动单上根本看不到的其他活动。

我开始懂得自发生活意味着什么了，这种生活方式要丰富和多产得多。一开始我很焦虑，怕浪费时间，担心这样生活会陷入不连贯和混乱。这是一种对于失控的焦虑。后来，我的确是失控了，跟随着一种不属于我的节奏，但我觉得轻松多了。这是一种全新的感觉，从来没有完全离我而去，就像骑自行车一样：很难解释怎么去骑，但在某一时刻你就突然明白了。

我猜想，这种更为放松的节奏是我们最初的存在方式的一部分。学会自发地生活，不是一个获得新能力的问题，而是对旧情感的回忆。通过放弃去控制，我也放弃了焦虑和努力的感觉。事实上，孩子们之所以比我们有多得多的活力，原因之一或许就在于他们让自己进入了生活的节奏。

我在改变。过去，我把未预想到的事情看成是讨厌的侵扰，它打断了我的计划；现在，我把它们看作是学习的源泉。特别是在工作中，我注意到了这种变化。作为治疗师，我在与人打交道时，脑子里往往保留着一个愿景，即我的顾客应该朝着什么方向发展。即使我尝试着灵活一些，仍然常常对顾客生活中出现的任何新奇事物感到痛恨，觉得它们扰乱了我们的疗程。现在，我把这些治疗看成是一次次的探险，事先我并不知道会发生什么情况。今天我们要学些什么？真正的新东西不是按计划产生的。带着更少的期待和更大的好奇，我着手开始了一次治疗。

在我的新老态度间有一个很大的差别，它关系到学习和发现的本质。这便是旅行者和探索者之间的区别：前者按照宣传册上的路线参观，后者则对旅途中会发现什么一无所知。一个是一切尽在掌控之中，但遇到的仅仅是他已知的东西；另一个更易受到伤害，但会有真正的发现。

我注意到我的团体教学方式也改变了。当我主要是做演讲时，我过去往往会觉得更有把握。我有几个关键点要阐述，我掌控着局面，并且我绝不让听众占据主动。另一方面，如果我并不知道会发生什么，也没有既定日程，我就会感觉自己像个外行。这是我过去的思考方式。现在，我意识到不能为真正的学习做安排——它想来的时候自然会来。因此，我的团体教学现在建立在参与者每时每刻的体验上，这是我事先无法获知的，我的工作就是去理解它。当学习发生时，我们就看到它了，容易又简单。这就是自发性。

有时我在清晨起床，对那天要发生什么全无概念。这在过去对我来说可是不常发生的事。现在我有了孩子，这种情况出现得越来越频繁了。过去我觉得这是不能容忍的——这多浪费时间！太混乱了！现在我知道那等待着被发现的现实比我的计划要丰富得多了。无论我的日程多么富有想象力，它都不能包含整个广大的不可预知的世界。

自发性是一种非凡的天赋，每次我们与之邂逅，都会有重生的感觉。为什么一个平庸的演员，演技拙劣，错误百出，让我们感到厌烦，而一位伟大的演员却能唤起我们的热情？为什么一位钢琴初学者费尽气力挑选音人类辛苦工作，努力奋斗，游戏则是上帝的特权，也是孩子们的。

符，仍会让我们心烦意乱，而一位伟大的钢琴家会把我们带到和谐幸福的世界？那是因为伟大的演员和钢琴家通过大量的努力，已经获得了自发性的源泉。

自发性需要根本的信任——一种对任何时候所发生的事都是对的的信仰。对孩子来说，这不是一个有意识的理性的信任，但是它内在于他们的存在方式中。一天，当我看着乔纳森起床时，这个看法变得更加明晰了。他拿起了一个睡觉时放在身边的玩具，没有经过任何犹豫或思考，甚至都不需要看上一眼，就抓起了它。那个动作迅速而又自然，就像我们关灯一样。但是乔纳森并不知道那个玩具在那儿。他为什么会转向它，就好像他希望找到它一样？为什么他要抓住这个玩具？因为它就在那里。

在我看来，孩子，特别是很小的孩子，常常是没有偏好的。当我们成人有了一个规划时，优先顺序会日益凸显和僵化：A 比 B 好，B 比 C 好。幻想也随之丰富起来：我们想象我们想要获得的东西，以及我们一定要达到的目标。有了幻想，欲望就滋生出来了。于是我们无法再对结果保持中立态度。欲望与恐惧总是携手而来——如果我们得不到我们想要的，我们就失败了。

幼儿不会像这样行事。一切对他们来说都是极其重要而有趣的。他们没有死板的偏好，只是全身心地、快乐地参与到一切之中。在我们去热带地区度过的那个灾难性的假期中，我认识到了这一点。我们精心地计划了我们的旅行，到了之后却发现自己置身于一个游客聚集区，一个系统地组织起来的赚钱机器榨干了游客身上的每一分钱。我们发现的不是壮丽的海滩，而是沼泽地；无休无止的雨伴随着冷风大作；商店里出售着令人讨厌的旅游纪念品；本来应该具有明星般吸引力的动物，却被虐待着，总共也没有几只，个个都是悲惨的模样。所有这一切就是一场灾难。我们觉得我们的钱打了水漂，什么都没有按照计划或旅游手册进行。但是孩子们却凑合着利用有限的东西，玩得很高兴。在旅馆的房间里，埃米利奥学会了算加法，玩球，画电梯，和我玩追逐打闹，发明了一个又一个的游戏。乔纳森对一切都报以微笑，对他来说，只要能练习站立，揉纸团或爬行，他就感到心满意足了。

为什么孩子们玩得高兴，而父母却很不开心？因为孩子们更灵活。他们从一开始就没有想去实现什么幻想。他们没有期望。尽管生活和我们的计划并不吻合，但它仍然是丰富、有趣的——或许,甚至比旅游手册上所写的还要丰富。

没有偏好的头脑也是没有偏见的——随时准备向任何人学习。我和埃米利奥、乔纳森在米兰火车站,还有两个小时的等候时间。我们干点什么呢?这个地方没有什么提供给孩子,或者在我看来是如此。我们去了蜡像馆——一个被旅行者遗弃和忽略的地下区域。各个时代著名人物的蜡像汇聚其中,透露出一种怪诞的欢庆气氛:教皇约翰(Pope John)、戈尔巴乔夫、玛丽莲·梦露、拿破仑、但丁、加里波弟(Garibaldi)、兰杜(Landru),还有几个足球明星,所有的蜡像伫立着,超越了时间,超越了人间事务,他们是那样地不真实,让人直起鸡皮疙瘩。

但是,埃米利奥强烈地感兴趣。他向我询问每一个人物的生活细节,特别是兰杜。他怎么会跟妻子们搞不好关系呢?他怎么能违背她们的意愿烧死她们呢?我能那样对待妈妈吗?还有,谁是但丁?为什么他能去地狱参观而我们不能?他是这些足球明星的朋友吗?我们在蜡像馆转了一圈,一个一个地看,然后又从头开始。起初,我觉得这个蜡像馆很乏味,品味又差,但是埃米利奥把它看成是一个被施了魔法的城堡,最后,整个蜡像馆在我看来也获得了一定的神秘气氛。因为我把期望置之一旁,重新去打量了它。我活在当下之中,不再关心它本该如何;我加入了孩子的奇妙世界,他将每一件事都变成了学习的材料。

我们去蜡像馆的初衷并非是学习什么,那只是碰巧发生的。我更愿意找一个车站附近的公园,绿树成荫,还有游乐场可以让埃米利奥和其他孩子一起玩。如果不能得到这些,那这两个小时在我看来就是浪费时间。但对孩子来说,没有被浪费的时间。所有的时间都是现在,也都是有趣的,整个世界就是一个巨大的游乐场。生活不是在两个小时之后将要发生的——它现在就在发生。

在这种场合里,我还看到了将自发性转变为强制性的危险。我们通过自发性来学习,我们的全部生命都愿意和乐意这样做。但如果我们有了必须学习的想法,一切就都变成人为的了——一个无须费力的体验变成了分析和传授。这就好像教一个人如何去感觉饿,如何去恋爱,或者如何达到性高潮一样。任何事情只要被这种颠倒所影响,就永远不可能再是自发的。

对孩子们来说也是如此。在他们能够在这个世界上完全自如地活动之前，要去考虑他们必须学习什么是非常耗人心力的。他们的任务太过庞大：学走路、学说话、学系鞋带、学用叉子卷意大利面、学在公共场合行为适当、学排队、学习理解时间和空间、学习读和写，等等。但是，所有这些都是不需要多少努力就可以完成的——只要没有干扰。3岁的埃米利奥在我工作时打电话祝我生日快乐，我后来发现他完全是自己打的。他怎么学会拨我的号码？没人教他，他仅仅是看他妈妈打过。他像睡觉和呼吸一样轻而易举地吸收了这个过程。

或许我们想把太多的东西教给孩子了，而不是去学习他们可能会教给我们什么。一天，埃米利奥对薇薇安态度无礼，我认为他应该说对不起，但是我只解释说，那样会让妈妈难过的，我希望他睡觉前能采用某种方式与妈妈和解。整整3个小时，他没有就这件事说一个字。最后，当他坐在幼儿便盆上时，埃米利奥要求妈妈为他唱首歌。那是一首忧郁而动听的歌，他的妈妈好久都没有给他唱过了——自从他一岁时那些神奇的日子以来。这就是他求和的方式，他在表达：让我们像那些日子里一样彼此相爱吧。比起我脑子里官僚作风式的说"对不起"，这种方式要感人得多，也新颖得多。我很高兴他没有去学我想要教给他的东西。

我正在培养一种更善于接受的态度,虽然缓慢,却是实实在在地在培养。我干预得更少了,我观察着,有时只是在惊奇中旁观。在我们的时代,我们很大程度上已经丧失这种态度了。趋势是我们变得更加主动:去打破、去撕碎、去改变、去引导、去制服、去利用。但是如果我们能够采取某种尊重和等待的态度,我们就可以看到多得多的东西。我们常常拼命地想去做而不是不做,去说而不是保持沉默,去得出结论而不是接受不确定性,去展现我们是对的而非倾听,去占有而不是享用。至少在我们的文化中,这些是普遍的趋势,即使是在最被动和最无动于衷的个人身上也是如此。

去倾听。去存在。让生活自发地发生。我们已经遗忘了这些沉思的态度——然而它们可以帮助我们重新发现爱和奇迹。

一天早晨,正当埃米利奥快要醒来时,我躺到了他身边。我喜欢看他慢慢地恢复意识,开始思考。我不禁想问他感觉怎么样、睡得好吗、做了什么梦,这些问题通常父母们都会问他们的孩子,但是我什么也没问,只是等着。埃米利奥醒了,他看着天花板,眼睛飞快地转动着。从他呼吸的节奏，我知道他在思考。我实在忍不住想问他在想什么，但我知道他只会像所有孩子回应这类干扰问题一样回答：没想什么。我只会打断他的思路。我尽力控制自己，和他一起保持着沉默。我的头脑平静下来了。整整一个小时过去了，我感到埃米利奥一直在思考，最后他说："爸爸，'或许'和'也许'的区别是什么？"

在那一个小时里埃米利奥想了些什么？我永远都不会知道，即使我问了，我也还是不知道。那种方式只会使饼干变成碎渣。同时，我学到了关于沉默的艺术的重要一课。

最精妙的自发形式就是游戏。确实，游戏常常含有规则，但它的本质绝不是规则，而是一种自由的品质，一种无须费力的快乐和充满活力的品质。看看小狗们玩耍吧，它们让我们开心，因为它们的精力如此充沛，玩得如此开心。孩子们也是一样。如果进入他们的世界，我们会接触到游戏的精髓——它是心灵一个特别的波段，既提升了我们，也解放了我们。人类辛苦工作，努力奋斗，游戏则是上帝的特权，也是孩子们的。和我的孩子们一起玩耍的时候，我发现这种快感能够解放我大脑里沉重的负担。

游戏并不总是完全的成功,孩子们的游戏常常无聊而重复。埃米利奥喜欢玩"交易游戏":他把他所有的小玩具和收藏品,比如石子、宝石、玩具车、钥匙扣、小球等分成两组,一组归他,另一组归你,然后交易开始。如果你给我那个,我就给你这个,如此等等。由于某种原因,埃米利奥觉得这个游戏有持续数小时的必要,而对我来说则变得十分无聊。我完全是出于善意和父亲的责任才跟他玩的。在我们家里,它已经成为一个家庭热门节目:今天谁来玩"交易游戏"?是的,嬉戏是一种优雅状态,它并不总是可得的,或者说它对孩子而言总是可得的,对成人却不是。

然而,以我和埃米利奥第一次踢足球为例,就又不同了。足球是我的爱好。我把球拍起来用头顶,然后再用脚停住球,又让它在草地上滚动,让埃米利奥把球从我脚边抢走,再让球从他身后消失。我炫耀着自己的球技。埃米利奥被带动了,我也很享受。刚开始我当然胜过了埃米利奥,因为他是初学者,然后我让他占上风,但他想让我玩真的,或者他决定我至少要用70%的水平。多好玩啊!我最后一次踢球是什么时候?也许是20年前,但那快乐一直潜伏在我的体内,等待着爆发。

乔纳森和我一起玩搭积木,我们每人搭一座建筑。他的品位很好,比例感也很好。我也开始全神贯注于自己的建筑。你真应该看看我搭出了怎样的奇迹。我完全被创造的兴奋占据,忘记了周遭的一切,就像梦一般引人入胜。最后我竟然想我应该成为一个建筑师,如果谁把我的建筑撞倒了,谁就要遭到报应。

另一次,我和两个孩子玩捉迷藏,轮到他们找我,我藏到了一些不太明显的地方,比如衣橱里或床下。对,床下,然后我就等着。我可以听到他们过来了:他们很兴奋,也有一点点害怕,因为有些房间是黑的。哪儿都找不到爸爸——他是不是走了?如果我感到他们着急了,我就会发出一些可笑的声音,这样他们就会知道我在附近,但他们还是找不到我。我觉得很开心,因为我让他们一直想知道我藏在哪儿。最后他们发现了我,我们一起开心得大笑。有时候——在我最欢乐的时光里,我问自己:为什么我不能一直这样?我相信当我们这样问自己时,这是个很好的迹象。我们也许应该一直这样问。

玩笑也是游戏的一部分。它们有恶作剧的性质,但如果恶作剧不会冒犯别人,它就是转变我们的攻击性的一种重要方法。乔纳森把大灰狼的面具放在我床上，就放在枕头上，假装是大灰狼睡在那儿，然后他等在门后看我的反应。我装作被吓坏了，他被逗得乐不可支，我因此也很开心。又有一次，我们受邀参加一个熟人的70岁生日晚会，开场时这位熟人作了一篇郑重的讲话，关于老去，关于活到70岁是多么有成就感。他认为变老让他睿智。在他面前放着一个大大的巧克力蛋糕，埃米利奥盯着蛋糕看了一会儿，然后打断了老人的讲话："你不是一个人吃这个蛋糕，对吧？"每个人都被逗乐了，除了这位70岁的寿星。这次打断是无礼的，但我承认很难听到后不开怀大笑。而且，我意识到我们大家都是多么严肃，我们成人是多么把自己当回事儿，却没有认识到生活就是一场游戏。

做实验也很好玩，我们喜欢做科学实验。比如，我们一起去做"火山"。我们走到屋外，挖些湿沙子，找一个罐子，里面放上小苏打和红颜料，用模具将罐子四周的沙子做成火山的形状，然后倒入一些醋，红色的火山岩浆就喷薄而出。我看着孩子们的脸，他们陶醉了，激动不已，我也一样。

我喜欢做实验，喜欢开玩笑，喜欢玩游戏，我再一次发现自己是那么有趣。是的,这是生活中最大的福气之一——放轻松,留出一点时间,再次成为一个玩耍的孩子。

纯 真 *Innocence*

在孩子们看来，这个世界闪耀着新奇和初次体验的强度，比如初吻、第一天上学、初次看见彩虹。

目的地：游乐场，3个街区远。埃米利奥发现了三轮脚踏车，他快乐地蹬着，我在后面跟着他。但是，到达游乐场却花了我们两个小时，我们的短途步行变成了一次在陌生土地上的探险。

我们从禁止停车的标志开始，埃米利奥想知道那个带着斜线的、神秘的红蓝两色圆圈代表什么意思，为什么车子不能停在这里，我们能不能停在那儿，是谁设的标志牌，如果一辆车停在那儿会怎么样，谁会从车道出来，诸如此类的问题。然后，我们遇见了交通信号灯上的小红人和小绿人，当它们互相转换时，看着它们出现并喊道："现在！"这多好玩啊！

一个广告牌上画着一个嘴巴呈三角形的小孩，正在吃一块三角形的饼干，它把埃米利奥给迷住了。人行道的裂缝里长出了一棵引人注目的小花。我们又怎么能忽略一块像"6"的狗粪？

起初我觉得不耐烦。我们不是要去游乐场吗？好吧，那就往前踩踏板，不要浪费时间。让我们按计划行事。然而，很快我就意识到，这次短途旅行是多么壮观。它不是一段从 A 到 B 乏味的城市道路，而是一个微观世界。

比如，拿电话亭来说吧。你往缝里插入了什么？一张电话卡。好吧，我们插吧。我们用各种号码试验，数字在小小的液晶显示屏上出现又消失，奇怪的声音，提示时间的语音，挂上电话后，卡又再次出来，假想和妈妈、医生、爷爷打电话交谈，企图往缝里塞个松针，等等。阿尔法·罗密欧牌汽车标志上的蛇是什么意思？那条蛇在那儿干什么？突然，一切在我看来也都令人迷惑了，也许是神奇了。旅行在继续。我们看门铃上的人名，按一下按钮，就能听到人声。圆圆的铜门把手反射出整个世界。

我知道，一个幼儿体验时间的方式与我们成人不同。对我们来说，时间像一支箭，始终指向一个方向，我们必须达到目标，其他一切都是其次。我们的时间有效率却很贫乏。孩子们的时间却像一个圆圈，它哪儿都不去。它是无效率的。他们会错过每列火车，事实上如果我们按照那种方式运作,根本就不会有列车时刻表。但是这种时间是开放的,在其中任何事情都会发生,每个事物都是惊喜。它是全新的、有趣的。这种状况下,我们所遇到的一切都是无理由的。在这里,我们享有绝对新鲜的经验。这就是纯真。

一开始,对用我熟悉的生活方式换取这样一种缺乏组织的人生观,令我很恼火。但是我逐渐领会到,方式和结果同样重要。事实上,方式和结果是一回事。我感到心口那个不知道何时就和我连为一体的疙瘩开始融化。生活在此时此地,这是完全可能的。自由自在,不用去达到任何目标,因为我们所在的地方,正是我们的目的地。

为了理解这种态度的影响,所有我需要做的,就是重温一天中和埃米利奥一起经历过的事情,这也是他特别喜欢的一项练习。对我们成人来说,每天都是一个样,而对孩子来说,一天则是一次智力大冒险:今天我们去了银行和邮局;你突然大发脾气,因为你想吃牙膏;你用沙发垫搭了一所房子;你出去散步还采了花,发现了蜗牛壳和一个心形鹅卵石;你用电脑打出了你的名字;你画了愤怒的脸;你玩了购物游戏;你把铅笔卡在了录像机里；你把豌豆放在甜点里，然后吃掉了……

对我来说这也是一种有用的练习，我从中看到了为什么每一天都是独特的。我的每一天多多少少彼此相似、毫无特色并迅速飞驰而去，而对我的孩子来说，每天都是一首可以长达一个世纪的史诗。

孩子是纯真的，通常我们依据假设来感知的东西，孩子们则会用一种全新而开放的方式来看待它。这发生在生活的方方面面。拿竞争来说吧，假设是如此频繁地影响了我们的感觉和关系。一个朋友告诉我，他的儿子赢了一场比赛，获得了一个奖杯，在颁奖仪式上，他刚刚接过奖品，就转身安慰他的朋友们说："别着急，你们也会有的。"对他来说，这个奖杯并不意味着他战胜了朋友，它就是一个礼物，每个参与者都有份。我们日复一日地向孩子们的头脑灌输竞争意识以及为赢而做的态度——我们胜利了，但也许我们应该让孩子们来影响我们，用他们的眼光来看待世界。在那个世界里，每个人都可以赢，都玩得很开心，都想要别人和自己一样快乐。

我尽力去想象不到一岁的埃米利奥是怎样看待这个世界的。在这个年纪，他还不会用语言表达自己。从他的兴趣和表情判断，这是一个令人惊奇的世界：树枝上摇曳的树叶显示出纯粹能量的波动，金属物体的反光是一种超越尘世的光辉，一本书封面上复杂的绘画是一座迷宫，一朵郁金香是一个你可以投入其中的色彩深渊。

相较于我们，幼儿看到的可能是一个更为纯净的世界。这一事实有很多影响。我记得我的教子杰森10个月大时第一次看见蚂蚁——一只个头很大、令人印象深刻的蚂蚁。我也是第一次看了一会儿蚂蚁。多么奇特的景观。我们对蚂蚁视而不见，但是当你第一次看它时，你不知道该把它放到什么类别中。它的确是一个令人惊奇的东西——并不比看见一只恐龙或独角兽走在大街上给我们成人带来的惊奇少。没有任何预设的推理，没有记忆或偏好，在一种纯粹的状态下持续不断地揭示永远全新的世界：这就是孩子看待现实的方式。

当我和杰森看见一支乐队时，我有了一次类似的体验。当一支拥有长号和鼓的乐队突然出现在大街上并奏响乐曲，在一个孩子眼中会像什么呢？是闪闪发光的铜管和红色制服，是震耳欲聋的音乐和自豪的行进，是这些东西的一次庄严展示。当我与一个孩子一起看到这些时，我分享了他的惊奇。

我认识到，一个孩子的清晰感知是富有感染力的。

我懂得了活在自己的老一套里去感知世界，就像把新鲜食物制成罐装产品一样，关键是体验的质量不同。我的体验陈旧、过时、空洞：因为我已体验过许多次，对再次体验并无真正的兴趣。在我的头脑里，事物已经成了布满灰尘的灰色符码。或许我可以像孩子一样，从零开始，一张脸、一朵花、一首乐曲、一种感觉、一个想法——一切都可以再次成为新的。它们是奇迹的源泉。而我只需要简单地问自己：我的孩子会怎么看它？

乔纳森看着一辆混凝土搅拌机，它转动着发出空洞的轰隆声。他向搅拌机里张望，看到的是一个黑色的圆圈，像又黑又可怕的悬崖。不，它是个旋转的涡流，想要把你整个吞没。突然，混凝土搅拌机在我眼里不再是城市里司空见惯的部分，而是一个不可思议的存在，掌管着恐惧与敬畏。我抱着乔纳森，可以感觉到他被深深吸引同时又小心翼翼地不想走得太近。多么特别的怪物！

乔纳森9个月左右时发现了水，他对这种从水龙头或海绵里流出的液体着了迷。它是固体吗？你的手指却可以从中穿过。这个奇怪现象是怎么回事？当你触摸它时，会有一种怪舒服的感觉，并且可以到处喷洒。它到底是什么？

这是一个令人惊奇的世界：树枝上摇曳的树叶显示出纯粹能量的波动，金属物体的反光是一种超越尘世的光辉，一本书封面上复杂的绘画是一座迷宫，一朵郁金香是一个你可以投入其中的色彩深渊。

乔纳森还发现了膝盖，他自己的和别人的。是的，就是膝盖，腿的弯曲和伸展之中有令人着迷的东西。或者再如，比萨店里飞舞的一个塑料袋，在阳光明媚的周日午后被风吹起：多么超现实的一个景象。远处的声音是另一个发现。你仅仅需要停下来，就能听到远处飞机、推土机、风和雷的声音，有人推开隔壁房间门时嘎吱吱的声音。乔纳森的眼睛里流露出热切专注的神情，每个我习以为常的声音对他都是有待解开的密码。

我想到，孩子仍然生活在他所诞生的文化之外，暂时地也位于历史之外。在我们的指引下，他会逐渐进入，但最初他是在外面的，因此他的观点仍然能够尽可能地纯净。有时孩子带领我们进入他的世界，有那么片刻我们也能置身于历史之外。对我来说，那就像是瞥见了一件久藏的珍宝。在孩提时代，我也是纯真的，后来就像每个人一样，失去了我的纯真，陷入充满妥协、算计、习惯和老套的过于成人的世界，一切都是灰色的。现在，陪在孩子身旁，有时我短暂地得以重新进入这个宝库。在这里，我再一次感到震惊。在这里，生命是永恒的，不知罪恶感和羞耻感为何物，一切焕然一新，闪耀着光芒，我重新获得了发现妙不可言的事物的机会。

放弃以结果为导向的看待世界的方式，是艰难和令人不适的。开一个小时的车带孩子去动物园，结果发现他根本不是专心地看狮子、猴子、长颈鹿，而是追着鸽子跑。"埃米利奥，快看那只可爱的考拉！"不，那只是些普通的老鸽子。但在埃米利奥看来，它们一点儿都不普通。在孩子眼里，没有什么东西是普通的。

成年人过多地生活在一个"到过，做过"的领域——一个让人相当悲哀和狭窄的领域。无论我们看哪里，看到的都是我们已经知道的事，因而觉得没必要再探究了。我们生活在一部我们已经看过的老电影里，仅有的快乐就是把这部电影放给那些还没有看过的人。但是在孩子们看来，这个世界闪耀着新奇和初次体验的强度，比如初吻、第一天上学、初次看见彩虹。

一天，我遵照一本初级几何书上的说明，用硬纸板剪出一些彩色的形状：三角形、正方形、圆形，红色的、蓝色的、黄色的和绿色的。我还特别跑到文具店买回了彩色硬纸板，花了很长时间把形状精确地剪出来，目的是教埃米利奥集合论和几何分类。我们用不同的形状可以玩很多益智游戏。

埃米利奥一看到这些彩色形状，立刻就被迷住了。

有那么片刻,我觉得我路子走对了:这个主题很有意思,我能教给他我想教的东西。几百万脑细胞都在蠢蠢欲动。

噢,是吗?也许吧——但不是我脑子里的细胞。埃米利奥对我的建议充耳不闻,而是用一片片硬纸板编了一个长长的故事,然后问我要了透明胶带,把它们粘到一页上,制成一张拼贴画,最后他打算把它当作礼物寄给一个女朋友。他完全曲解了游戏规则。但这次我并没有感到受挫,而是抵制住了加紧我的教学的诱惑。如果我能想一想的话,那种教学实际上相当无聊,埃米利奥的点子却高明多了。

在我看来,每个行为、每种态度和每样东西对孩子而言都只是它们本身,仅此而已。这种感知方式既准确又清晰。相反,我们成人通过联想和记忆的过滤来看世界,这使我们看到的东西都存在着膨胀和变形。想想性对我们而言有多少内涵吧:害怕和忧惧、欲望和压抑、记忆和幻想,一个词就足以唤起一大堆的联想。有一天,埃米利奥被错认为是女孩子,因为他的头发太长了,他利索地扒下裤子,说:"不,我是男孩,瞧我的小鸡鸡!"

在这种思维状态下,性行为对我们来说会是怎样的呢?如果不是已经习惯于用难堪、恐惧和窃笑去表达压抑，那么我们就能从这种纯真中学到很多东西。刚刚的这一幕发生在商店，人们纷纷把头转过来，我尴尬地笑了，大家也被逗笑了，但都有些轻微的不自在：就像有人说出真相时人们的反应那样。

纯真是一种没有结构的状态，没有我们习惯的旋钮和把手。想想下面的情景。我刚像往常一样给自己冲了杯咖啡，就被隔壁房间的乔纳森以他特有的节奏打断了："爸——爸！""干嘛？"我问，有点儿不耐烦。一阵沉默。过了一会儿，他才说："没什么。"也许我错了，但我好像在他的声音里察觉到一丝快乐。很快，他又开始了："爸——爸。""嗯，怎么了？"如果他叫我，一定是想要什么，要么需要帮助，要么想让我陪他玩。难道他受伤了？沉默，然后又是"没什么"。第三次，我终于明白了。他就是喜欢叫我，听到我的声音，因为他在一个房间而我在另外一间。我加入了这个游戏："乔纳——森。""干嘛？"这次我沉默了一小会儿，然后说："没什么。"我听到乔纳森笑了。我们玩得很开心。我摆脱了自己的心理图式，那一刻我纯真多了。

埃米利奥和乔纳森目前正生活在纯真之中，这让我能学着去重新发现自己的纯真。我时常设法从自己的想法和盘算中解放出来，而这也正是冥想者或祈祷者所做的。我尽量保持接受的心态，而不是不惜代价地让孩子买我的账。我让他们牵着我的手，为我展现一个熠熠发光的奇妙世界。

意 志 *Will*

当你为人父母时,
你得知道怎样经常说"不",还有——
不带愤怒、骄傲或负罪感地说"不"。
只是简单地、纯粹地说"不"。

我站在一个奇怪的长滑梯顶部。究竟是谁发明了这个奇妙的装置？它由滚筒组成，当你滑下来时滚筒就开始旋转，而且它非常高。从下面看它没什么大不了，但从上面看就不一样了。现在我知道为什么孩子在滑下去之前有时会犹豫不决了。我觉得头晕。为什么我要爬上来呢？当然，因为是埃米利奥让我爬的。如果我不答应，他会让我没有片刻安宁。

"来吧，爸爸，你也试试！"

"不行，长滑梯是给孩子玩的。"

"但是没有别的孩子呀。"

"我太大了。"

"可是你看，滑坡也大呀——它对你挺合适的。"

"你得学会自己玩。"

"是的，但我也喜欢跟你一起玩。"

不过，埃米利奥没有像平时那样坚持。我知道我可以用拒绝让自己脱身，他也会自己玩自己的，但那样的话感觉不太好。在内心深处，我还是想和他一起玩。另一方面，坐在凳子上袖手旁观当然容易多了。我去还是不去呢？我决定去。

我觉得自己笨手笨脚的，同自己的懒惰进行着斗争。我让自己滑了下去。长滑梯速度很快，滚筒风驰电掣般按摩着我的身体。埃米利奥很开心。一路向下，我感到身体在不停地震颤，好像受到了旋风的虐待。我在思索，这样的下降是否恰好象征了为人父母的生活：不允许你安静地坐着，你失去了控制，忍受着摆布，一切都相当地不舒服，很想知道自己究竟是怎么落到这一步的。获得乐趣需要经过大量的努力，而你却随时随地可能被现实揉搓。

滑长滑梯是个考验意志的行为。我决定去做，去参与，尽管最简单的办法是逃避。在这 3 秒钟的下降过程中，我明白了逃避和当旁观者是多么容易。我看到了我的孩子们能把我从昏昏欲睡中摇醒，如果我允许他们这样做的话。我明白了在为人父母的生活中，我可以激活那宝贵的能力——意志，它可以增强我内在的力量。

在滑长滑梯这个情节中，我得决定去玩，而不是坐在板凳上。在其他时候,我仅仅只需决定在场就行了。和孩子们在一起的每时每刻都会有问题出现:我愿意付出多少?唯一可行的答案就是百分之百。和孩子在一起,你不能只付出一部分自己。

我在给乔纳森准备早饭,他喜欢小口小口地吃各种各样的食物:葡萄干、面包片、香蕉、苹果。我准备好之后,觉得自己有 10 分钟的自由时间,于是就瞥了两眼最近正在读的书。还没读到半页,乔纳森就喊开了:"呃,呃。"他还不会说话,但能很好地和人沟通。或者是食物不够,或者是他想要我陪着他,而不是三心二意地待在那儿。他想要我陪着,而我呢却想继续看书。三言两语哄他开心后,我又继续看书。过了几秒钟,他又开始发出"呃,呃"的声音,这次他还伸出手来摸我。我没有停下手头的事,只是给他盘子里又加了块饼干,那种又硬又脆、他只能放在嘴里吮的饼干。这饼干能吸引他 10 分钟的注意力。我重新开始读书,直到他再一次更加紧急地叫了起来:"呃!呃!"

我意识到我不能看书了。无论如何,我想要跟这个宝宝在一起。这才是正确的事。我们看着彼此的眼睛,尽管是他迫使我这样做的,但我把注意力转向他,却是来自我个人的意志。决定跟他在一起之后,我感到自己整个地完全在这里了。我知道这是对的。

我以另一种方式也发现了这种完整的感觉——无论如何都信守诺言。当然,我们应该对每个人都信守承诺,但孩子的正义感特别强烈。如果他们被背叛了会非常生气。一天早晨上班前,我告诉乔纳森,晚上我会安顿他上床睡觉,他很喜欢我们养成的这个习惯。但那天我回家太晚,他已经睡着了,我问薇薇安他晚上怎么样,他记得我的承诺吗?不,看起来没有。他真是个小天使。第二天早上,我正在洗手间刮胡子,乔纳森推开门,眉头紧皱,样子愤愤不平。他没有说话,但他的表情告诉了我一切:我让他失望了。我知道回家要晚时,应该先打个电话告诉他。这让我再次认识到诚信的重要。我应该信守承诺,努力做到言行一致,而不是将它抛之脑后还希望一切都好。而为了达到这个目标,我需要意志。

我和埃米利奥走在街上,我们看到一个孩子从商店里出来,手里拿着一只大大的蓝绿色冰淇淋,上面覆盖着小小的糖粒。"我也想要那种冰淇淋!"蓝绿色的魅力——他最喜欢的颜色;冰淇淋——他最喜欢的食物,两者结合在一起,简直令人无法抗拒。但是我很坚定,马上就到吃饭的时间,而且他今天已经吃过一个冰淇淋了,于是我说不行。埃米利奥简直气疯了,他尖叫着在地上打着滚,打我,绝望地哭喊——使出浑身解数让我在公共场合难堪。周围的人纷纷把头转向我们这边,他尖声叫着:"一个冰淇淋,拜——托,我只要一个!"

让步的诱惑是如此强烈,只要我一让步,埃米利奥马上就能心满意足,我也可以从这种不愉快的情境中摆脱出来。过去,我曾屈服过很多次,埃米利奥可怕的说服技巧也日渐完善,常常是我宣布了一条规则,过不了多久它就被打破了。"噢,为什么不破个例呢?"毕竟,一个冰淇淋又不是世界末日,干吗要在这件事上这么固执?这样大发脾气会败坏晚上家庭的和谐气氛。

但是这一次我没有让步。我知道让步是不对的,我必须履行自己的话。对他所有的恳求表演,我冷静而又坚定地说了"不"。过去,当我让步时,尽管换来了片刻安宁,我还是觉得自己像条变形虫,埃米利奥已经给我的不一致做了注解:"反正你总是让步。"或者,当我威胁要惩罚他时,他会说:"你不过是说说而已,又不真做。"所有这些都包含着弱点、屈服和谬误,我辜负了我的语言的力量。当我说"好吧",看似是一片好心,其实是一种选择退让的错误的好心,我的话再也没有价值,我的脸丢尽了。

现在,一句简单的"不"显示了我的决心,它是个有用的词。当你为人父母时,你得知道怎样经常说"不",还有——不带愤怒、骄傲或负罪感地说"不"。只是简单地、纯粹地说"不"。这也是我的意志的体现。

"不"是个让人不快的词,它会带来冲突、反抗和愤怒。"好的"则是容易得多的选择,起先它不费吹灰之力,而且会带来热情、感激和愉快。但是如果我整天说"好的",我的"好的"就失去了它的意义。"不"也是需要的,它恢复了我的正直与威信。"好的"可能是一次山崩,"不"则是一道防护堤。

意志是必不可少的。作为心理治疗师,我的工作向我显示了意志的重要性。那些没有发现或者丧失了意志的人,情绪低落,没有判断力。我与我的孩子们一起重新发现了它。过去我常常感到自己受孩子们摆布,他们剥夺了我的意志。很多家长都有这种感觉,特别是那些像我一样更为宽容的父母。伴随着巨大的努力和困难,我意识到有时我不得不去做一个不受欢迎的人,那样对孩子们更好,对我也是一样。我知道了我是谁,我不再

我明白了在为人父母的生活中,我可以激活那宝贵的能力——意志,它可以增强我内在的力量。

是个变形虫,而是一个有立场的人。

为人父母的生活充满了各种可能:伪装、遗忘、哄骗,以及从艰难的状况中摆脱出来。比如,拿隐瞒来说吧,和孩子们在一起,隐瞒是很常见的,因为他们要求我做这么多的事儿。我尽力选择给他们我最好的一面,但还是会经常说谎。我知道给埃米利奥讲睡前故事或陪他聊天对他有好处,但可能是太累了,于是我假装忘记了这件事。反过来,如果我努力做到了,我可能会感觉好得多,他也一样。我们使一天得以圆满结束,而不是屈服于疲惫和崩溃。

我刚给乔纳森洗完澡换好衣服,他就决定再回去玩泥巴。这时分散他的注意力固然能让我感觉好一点,但这样做对吗?对一个孩子来说,把手放到泥巴里,自由自在地弄得满身脏和一片狼藉,其实是乐趣无穷的事。好吧,那就回到泥巴那儿去吧。

意志就它本身来说,既不会让我更严格也不会让我更宽容,它只是让我能够清楚地确认我的选择。在一家饭店里,我们听到一个宝宝在哭,乔纳森很担心,想去看看为什么,也许还想去安慰一下那个宝宝。我知道这对他很重要,我也喜欢他的这个主意,它可以激发他的同情心，但是我很懒，也担心会出丑，更糟糕的是意大利面会凉了。尽管我有诸多顾虑，最终我们还是去了。这也是意志。

埃米利奥有一点点零用钱，但是还不够买他想要的贴图，他要求我给他补齐差额。我动心了，想给他一些硬币。但为了让他了解金钱的价值，哪种方法更好呢？我决定还是不给他额外的钱。他可以等下一次再买，好好计算，了解金钱来之不易，接受他自己的金钱限制。当然，这又是一个不受欢迎的决定，带来的是抱怨和争吵，但我知道我做得对。

这不是完美主义。我知道在养育孩子的过程中，你会经常需要妥协，为了让自己舒心而听之任之。但是在人生中不管你做什么，你都可以做得很好或者是草草了事、心不在焉。而我想要把它做好。

我想到了房子的装修：瓷砖铺得歪歪扭扭，石灰抹得凹凸不平，水槽装得乱七八糟，电路也是匆忙间完成的。此时此地你没有注意到，但是时间久了你就明白了区别——装修工人自己也懂。有一次，一位建筑工人给我做了件质量很差的活儿，我指给他看时，他向我道歉并说道："智者千虑，必有一失。"也许他认为自己很风趣，但我怀疑他离开时自己是否也满意。负责粉刷我们房屋外墙的工人就非常不同：他做得很好，甚至连房檐下燕子的窝都刷到了。他对自己的工作充满自豪，对自己也感到满意。能力、精确、奉献——也许它们需要努力才能达到，但它们使我们充满了成就感。

养育孩子也是如此。把孩子养大是我们的创造，它既可以被出色地完成，也可以草草了事。"于细微之处见真章。"很多人能够在重大时刻表现得很好，但一个人真正的价值更多地体现在他如何处理小事上面。

最后，我还在另外一个领域发现了我的意志：恢复我自己的兴趣和活动。一天晚上我做了个梦，梦见我特别喜欢的珍贵相机被洒上了黏乎乎的浓缩苹果汁，里面的机械装置也被彻底毁掉了。我吓坏了，从噩梦中醒来，并且立即领悟了这个梦的意义。相机是我的创造性世界，是我和美之间的联系，用作调味的苹果汁代表了我的孩子们。两个小捣蛋鬼侵入了我的地盘，和我生命中宝贵的一部分纠缠在一起。另一个晚上，我梦见我要用一把属于我的斯特拉迪瓦里牌小提琴开演奏会，演出时间临近，我却发现我丢了自己最珍贵的乐器。我从恐慌中惊醒——我正在失去我的艺术、我的创造性吗？

现在对我来说一切都再明白不过,要想不失去自己,我必须学会保护自己的地盘。这需要决心。我以意志和坚定赢得了阵地,就像在丛林中清理出一块空地。我给自己留出更多的时间,做我喜欢做的事。我和薇薇安享受二人世界,我读书、写作、拜访朋友,甚至给花儿照相,那是我的爱好。当我离开家时,我听见埃米利奥的指责:"你从来都不在!"但当我回来时,我更快乐更投入了——孩子们也是如此。这做起来并不容易,但我重新发现了自己。

有时意志让我更体贴他人,有时则帮助我更关爱自己。意志就它本身来说是中性的,是扩展我的可能性的一种手段,它本身没有内容,就像一辆车没有固定的内置的目的地,你想去哪儿都可以。你拥有的意志越多,你能到达的地方的选择就越多——那些由于习惯、惯性、负罪感或害怕等原因使你不曾有的选择。意志不会让你更坚定或更宽容,它能让你今天走这条路,明天走另一条;它不会让你对别人更敞开怀抱,也不会让你更自作主张;它打开了你的可能性,让你有了一个更大的曲目单,而选择什么全在你自己。

我相信对我们所有人来说,痛苦的一个主要来源是成为我们不想成为的人，做我们不想做的事，这是一种无力做主的感觉，会导致消沉和沮丧。和孩子们在一起，我发现自己可以在场，而不是缺席；我可以强大，而不是脆弱；或者当我习惯性地墨守成规时，我可以灵活变通；或者当我想偷懒的时候，我可以勤奋；或者当负罪感要把我变成一个强迫的利他主义者时，我可以健康地自私；我的选择内容总是在变，但是感受却是相似的：我不为外界环境或内心感受所驱使，我自己做主。

它就像一块缓慢发展的肌肉，最开始，我痛苦地意识到那块肌肉不在那里。初为人父，我所有的弱点暴露无遗，我认识到我拥有的意志少得可怜，没有选择的感觉就像身在一座监狱。然后我发展着那块肌肉，因为我使用着它，并且渐渐有了更多的选择，我觉得自己越来越能干。这种感觉太棒了。

意志。与孩子们一起生活为我提供了上千次培养意志的机会——不必苛刻和专横的意志，忠诚于我的信仰的意志，它让我无畏、坚定、坚持。它有无数张面孔，而所有的面孔都有一个同样的结果：引领我走向钻石般的活力，它虽然有着许多的切割线，但却完整，强大，熠熠发光。

爱 *Love*

在焦虑、愤怒以及
想去制服的愿望的漩涡里，
最重要的是我可以去发现爱。

4个月大的乔纳森冲我们笑着，薇薇安和我陪着他玩，他很高兴，他就是喜欢跟我们在一起。这就是幸福。他那挥舞的小胳膊在说，还要，还要。这太好玩了，他想一直这样。他笑着，像是在说，爱是多么美妙啊。它就像一场盛宴——人人有份，个个充足。是的，这就是爱，没有抑制的令人满足的爱，既是肉体的也是精神的爱。乔纳森无拘无束，他既不考虑他已经得到的，也不考虑他需要给予的。此时此地，爱无须理由，就是这么简单。为什么我们不能时时刻刻都如此呢？

我感受着如此美妙的温情。这是自然而然的反应。你在动物世界里可以看到，年幼的哺乳动物靠唤起这种温情而生存下来，做不到这一点的便会被狼吃掉。但这并不仅仅是生存策略，它也是纯粹的乐趣。和乔纳森一样，我自己也很享受，他的无拘无束富有强大的感染力。所有的爱都应如此——无拘无束，没有期待、评判或比较。

我察觉到要做到随心所欲、自由地去爱是多么困难——多么冒险。首先我得克服一些障碍、危险、禁忌，不能越界和触动警报。然后我意识到，如果我冒险进入了这样一个美丽世界，我可能会将所有其他的事情都抛之脑后，没有了时间概念，再也不想回去。我犹豫了一会儿，这种情感太强烈了。

我们都深谙多种掩藏真实情感的方式。如果不是这样，我们就太坦率、太易受到伤害了。美冲击着我们，震动着我们——因此也改造着我们。我决定冒险让这样的爱进来。它太美妙了。

在最黑暗的时刻，生活看起来毫无意义——就像一架有着蒸气活塞、仪表和轮子的机械装置，却什么也生产不出来。我想到时间将吞噬一切，在这种不稳定的存在中，一切都毫无价值。甚至人类的伟大胜利——贝多芬的交响曲、莎士比亚的著作、基督的话语、爱因斯坦的理论，有一天也都将化为乌有。

为人父母使这种感觉更为明显。我日复一日地工作，四处奔波，情绪低落，充满焦虑；我身兼厨师、服务生、搬运工、老师、护士、保姆、小丑等数职；我像一架持续运转着的大机器，生产出的是疲惫、流逝的时间、害怕与欢愉、言语与欢笑、哭泣和尖叫。这些都是为了什么？它难道不都是无意义的吗？剩下唯一可确定的事就是虚无。

然后，恩惠降临并拯救了我，片刻的爱改变了一切。是爱赐予感觉以力量，没有了它一切都是虚空和无用。爱以它的美丽和温暖，创造了奇迹。

和宝宝在一起时被唤起的柔情，世上还有其他东西可以比拟吗？我看到过很多人和孩子在一起时眉头舒展，他们变得更加柔和，心灵充满温暖。这种温情在我们紧张时使我们放松，在我们身处黑暗时为我们照明。它使得生命有了意义。这样的爱哪怕只有一秒，也值得多年的奋斗与幻灭。

现在让我们想象一下，如果从爱中抽去所有的感觉，还会剩下什么呢？很多。比如说智慧。如果我喜欢被爱的感觉，我会想象对方能理解我最基本的需求，理解我的梦想和渴望，这当然胜过仅仅只是拥抱和亲吻。一天，我第 20 次告诉埃米利奥我爱他，他回答说："别再不停地说了，你只需要一天说一次'我爱你'就够了。现在给我些吃的吧，我饿了。"这就是爱应该的样子——不是过分热情地去炫耀，而是愿意去理解和帮助彼此渡过生命的湍流。

这种爱意味着设身处地为对方着想，理解对方的感受和需要。埃米利奥想猛吃一通葡萄干，但他肠炎刚好最好还是不要吃，我说不行，他便大发脾气："我要葡萄干！"突然间葡萄干承担了极其重要的意义，仿佛他的生存以及我们的关系都依赖于此。我坚决反对，不行就是不行，他也很强硬，又哭又叫。这又是一场意志的较量。

最后，他看着我说："那我就不能只吃一半吗？"当然这对他没有害处。我给了他，他平静下来。问题不在于葡萄干，而在于他的自尊。那一半葡萄干为他挣回了面子，也给了我一个理解他的机会。

乔纳森在哭。为什么？他是想要抱抱、一块干净的尿布，还是想出去玩、想吃东西？不，他渴了。我琢磨着他可能需要什么，并且想出来了。我的理解让他感觉好多了，对我也一样——不仅因为他停止了哭泣，还因为每次我能够理解他时，我的内心都会感到轻松和敞亮。我觉得爱就是这样一种实用的智慧，时刻知道别人需要什么。和孩子们在一起生活是一个持续性的练习过程，如同一个问题难度逐渐增加的测验，测试的内容甚至包括最需要移情的智慧。

关爱别人使我忘记了自己——这是一件绝好的礼物。多年来我一直致力于研究人的成长过程：我们如何发展，如何与别人建立良好的关系，如何摆脱障碍以及能够欣赏美。我得出的结论是，我们不能刻意成长，它是自然发生的，就像一朵花的盛开或一颗种子的萌芽，然而必须有合适的条件。我们能够自由成长、扩展和呼吸的空间，总是太频繁地被我们的焦虑、挣扎或成长的欲望充满，我们为自己考虑得越多，成长的可能就越小；相反地，如果我们的注意力放在更有意义的事情上面——比如一个看法、一种价值或者另一个人，那我们就会在不知不觉中成长。我们往往是后来才认识到这一点的。

在我看来，养育孩子是学会忘我的最好方式。孩子们的要求是如此频繁，如此喧闹，他们的节奏又是如此急迫，几乎没有给我们留下考虑自己的空间。我们逐渐变得越来越无私，做事也不再期待回报。当这种情形发生时，我感觉很好。如果能不再关心我应该得到的东西，我感到自己更加自由，因为我没有什么可得到的，也没有什么可失去的。照顾孩子让我如此全神贯注，只要我不抱怨，不为自己感到难过，我便真正做到了忘我。

还有另一个令人惊讶的好处——感激。像所有的父母一样，我的父母也不完美，但他们都有值得赞颂的地方，即他们从来没有当面向我邀功，说他们为我所做的一切——当你有了孩子，这便是一个原型冲动。当我成了一个父亲，面对养育孩子的一连串日常琐事时，我会给自己所做过的一切加分：我是多么无私和具有自我牺牲精神啊，我做了那么多工作，多么具有奉献精神！然后，我意识到有人为我做过同样的事，很可能更多。

像所有孩子一样，孩提时代的我是无助的，需要食物、供养和关爱，我的父母养育了我，那时我认为这是理所当然的。长大成人后，我忙得没有时间去理解这一点。但是作为一名父亲，工作连轴转，丧失了空闲时间，一天下来精疲力竭，遥望着未来那数不清的相似日子，我意识到我的父母曾为我做过同样的事情，但却从未对此唠叨不停。我有了感恩之心。

这是一个重大的发现，也是一份最好的礼物——没有推销，也没有宣传，我只知道我在多年以后得到了它。

爱和感恩。但是注意！还有个强大的敌人埋伏在那里。我们都有黑暗的一面，贪婪而又顽强，我们将它称为自我。自我相信世界应该设法满足它的欲望，如果事情没有如它设想的那样发展，它就会生气；它把别人看成是竞争者，并与之为敌；它生性多疑常常提心吊胆，害怕得不到它渴望的东西，或失去它拥有的东西。

自我按照它的利益歪曲、篡改现实。它担惊受怕以致无法享受生活。它阻止我们去爱和感受美。它是流逝的时间的俘虏。它害怕死亡，因此它并未真正地活着。

只有当我们能够短暂地逃离自我的牢笼时，我们才是自由的。有两种方式可以达到这样的自由——强硬的和温和的。比如，听一首曲子或仰望繁星满天的夜空，能强烈地吸引我们，使我们在那一刻浑然忘我，进入快乐和和谐的境界。这是温和的方式。强硬的方式是接近死亡，接近死亡可以使我们进入更为透彻的境界，增强我们的精神力量。

孩子能够以两种方式使我们忘我。温和的方式显而易见。孩子，特别是小宝贝，他们是非凡的快乐的源泉，至少他们心情好的情况下如此。在一个微笑着的宝贝面前，人们还怎么能贪婪、忧虑和暴躁呢？

孩子也向我们展示了强硬的方式。他们嘲笑我们的自我，挑战它并将它揉成碎片。我们不再处于我们忧虑的中心。和孩子的关系揭示了我们所有的弱点，而通常它们是被自我巧妙地隐藏起来的。

反过来，如果我们的自我想要利用孩子来获得满足，那是在自找麻烦。我还记得薇薇安第一次参加完哺乳妈妈小组活动回到家时她有多惊讶。当时埃米利奥出生才几个月，薇薇安很喜欢听别人说埃米利奥是多么漂亮，我们都认为（直到现在还认为）他是特别的，仅仅因为是我们把他带到了这个世界上。然而在那天的聚会中，别人眼里的埃米利奥只是又一个宝宝而已。当时的宝宝太多了，谁也不会操心去说薇薇安的孩子有多特别。那以后发生的很多类似的事，慢慢打开了我们的眼界，使我们明白了我们的孩子和别的孩子一样，而这也帮助我们认识到我们和其他人也是一样的。

自我会迷恋很多东西，目标、信仰或习惯，这些都是我们过分关注或认为过于重要的东西，我们相信它们会给我们带来幸福。任何东西都可以成为拜物的对象——金钱、性、目标、观念、事业。拜物是自我的图腾，是它最具体或最切实可见的表现，因为拜物不断转移我们对最重要的事物的注意力，所以它们还是爱和与这就是爱应该的样子——不是过分热情地去炫耀，而是愿意去理解和帮助彼此渡过生命的湍流。

同他人建立清晰的深情关系的最明确障碍。

机器是我的一个拜物对象。在某些时候，我发现机器——至少是某些高品质的机器，焕发着令人无法抵抗的魅力。那完美的机械装置，那坚固性，那按钮按下时发出的几乎察觉不到的咔嗒声，那电路和灯光，所有这些都给我一种难以言喻的审美愉悦。

一天，我订购了一台德国产的磨面机，磨出来的面粉营养价值会更高。我知道工业社会里产品的营养在下降，因为新鲜度和卫生状况变差了，所以我想让家人吃上质量更好的粮食。这是我购买磨面机冠冕堂皇的理由，潜在的原因当然是我对这台机器的迷恋，我想把它加入我的收藏品行列。

设备送到了。对它的优点进行了一番赞美后，我开始使用它。我倒进完整的麦粒，然后等待着面粉出炉，没想到出来的全是切碎的麦粒——机器不好用。我发狂了，着手修理它。这时，一直在边上旁观的埃米利奥拽了拽我的袖子，想要引起我的注意。

我很着急。为什么它不正常运转？卖家骗了我。或者是我自己无能，没法让它工作？我必须找个螺丝刀把它拆开。一旦你开始拆卸一架机器，你就会迷失在复杂的机械装置中。这个螺丝是干啥的？这个螺帽是必不可少的吗？如果我把这个手柄再拧紧一点儿会怎样？埃米利奥继续拽我的袖子，他厌烦了，想要我跟他玩。由于失望和恼怒，我不耐烦地把他赶走了。

突然，我意识到这件事的讽刺之处：买回这台机器是为了埃米利奥的健康，可现在这台机器却使我心烦意乱，不能和儿子在一起。这就是拜物。它阻止我们在一起开心玩耍，享受自由。我把整件事情放下，去和埃米利奥一起玩了。

这个故事的教训是，拜物是我和他人之间的第三者，它阻止我全身心地和别人在一起，还会阻止我去爱。在为我提供帮助的伪装下，它使我心硬、眼盲、耳聋，并且具有攻击性。我看到拜物是一种限制爱和使爱降格的装置，它把爱转化为贪婪。拜物基于一个潜在的信念：某个目标、观念或事件具有为我们解决难题的魔力，会给我们带来幸福。但正是这种信念阻止了我们完整地去爱。我确信我们爱的能力与我们拜物的数量、重要性是成反比的。

爱是一种最能帮助我去解决与孩子之间的问题的因素，它比逻辑推理要实用得多。我采取了一个原则：

如果我不能解决与孩子们之间的问题，我就要扪心自问，从爱的角度来看我会怎么做？爱如何能帮我解决这些问题？

举个例子吧。我们要去饭店吃午餐，正当我们准备马上出门时，埃米利奥说："我想吃个油桃。"但我不喜欢太晚去饭店。我宁愿在人满为患前到达，那时的服务更好，食物也更新鲜。而且，我们还要在那里见朋友。我想要准时，这油桃却会耽误我们，但是不要紧——水果对孩子的健康有好处，我和薇薇安尽量不在他们吃食物方面发泄情绪和设立禁令。埃米利奥以气死人的缓慢速度吃着油桃，而我则怒火中烧。当他好不容易吃完时，他平静地宣布："我还想再吃一个。"但是那样的话，你就吃不下午饭了。我们会迟到，人家不会为我们保留座位的。我们的朋友在等着我们呢。解释、威胁、反对，统统没用，埃米利奥就是想要吃他的油桃。我可以强行抱起他，把他塞到车里，但那样的话他会毁掉每个人吃午餐的心情。

时间在一分一秒地溜走，我想要埃米利奥平静地吃东西而不是狼吞虎咽，结果却还是忍不住催促他快点。我向他指出，我们大家都在等他，而他却在纵容自己。

第二个油桃吃完了,埃米利奥问:"再来一个好吗?"这太过分了!我狂怒了,大叫道:"够了!现在照我说的去做!"埃米利奥大哭起来,乔纳森也跟着嚎起来。午餐看上去越来越缥缈了,场面似乎无法收拾。如果我赢了,我会输;如果我输了,我还是会输。如果我把埃米利奥拽到饭店,我会输。如果我让步,我也会输。一个孩子拖住整个家庭的后腿是不对的,我又不喜欢采用强制手段。解释和威胁都不管用,气氛完全被破坏了。我焦头烂额,束手无策。

然后我想起了爱——我可以参考的最高原则。我设法感触那尚留存在我体内的微弱的温暖之光。在情绪的暴风骤雨中,我再一次感到了对这个孩子的爱。我看到了他的骄傲、他的挣扎、他的愤怒、他的力量。我也设法减去我身上的全副重担:我的骄傲、匆忙,操心等不到位子,焦虑让朋友等待,担心乔纳森会一直哭,对埃米利奥的放肆感到生气。我说:"好吧,埃米利奥,再吃一个油桃。安心吃,多长时间都可以。"我试图传达出一个最基本的事实——我爱他。很多育儿专家或许会对此感到震惊,你不能向孩子发脾气后又让步,但这个故事不会到此结束:我会和埃米利奥晚一些再谈论这件事。

这时，埃米利奥开始吃他的第三个油桃，但只咬了一口，他就说："我们走吧。"于是我们出发了。

在焦虑、愤怒以及想去制服的愿望的漩涡里，最重要的是我可以去发现爱。

这才是真正的胜利。

爱有许多表现，但它的本质却是一样的。爱你的父母，爱你的孩子，爱你的配偶，对朋友的爱，对苦难的同情，爱上帝，是的，甚至还有自爱。爱呈现出数不清的形式和变化，其中也包括着退化。这些爱看上去彼此相隔数光年，但都有着共通的珍贵实质：它是温暖的，能治愈我们的内心。

另一方面，每种爱都能为我们提供其自身独特的禀赋或教训。比如友情，友情有种特殊的品质，是其他的爱所不能给予的。关心贫困和弱势的人群则包含了一种独特而深远的启示。父母之爱也有它们自己特殊的天赋：与一种享有特权的感觉有关，一种将一个生命带到世上并照顾他（她）的特权，一种这个生命被委托于我和我的伴侣的感觉。它是一个我们有生之年一直存在的纽带，同时也是一种责任和礼物。

这种特殊形式的爱特别会在两种场合出现——悲痛

时和取得成就时。所有的孩子都注定要遭遇许多小的意外和痛苦。他们脾气坏时，可能是饿了或困了；他们害怕时，需要我们去安慰；他们擦伤了膝盖或发烧，弄坏了玩具或输了比赛，需要我们关心和同情。我们眼里的一点小事，在他们那儿可能就是一场灾难。他们哭喊，甚至感到绝望，虽然我们知道一切很快就会过去，可他们并不这样想，这时我们需要上前去安慰、帮助、拥抱他们，解决他们的难题。这些时刻，我们特别能感受到我们的爱的温度。

然后胜利终于来了：第一次呼吸，我们的宝贝第一次翻身、坐起来或吃东西，第一次学会了走路、交到朋友、学会游泳、去上学。接着还会有更多、更特别的成就和胜利。我想起埃米利奥在全校师生面前表演小提琴的情景。他独自站在舞台上，面对着300名观众——他的同学和朋友，所有的学生、老师，还有家长。我担心他会犯错，会因为失败而失望，但是他非常镇定，全神贯注，将两首曲子拉得动听悠扬。他拉琴的时候，我感受到了对他的深沉的爱。这爱与骄傲没有关系，相反，它是一种敬畏感，就像我们看到花开的感觉——只不过孩子的成长比花的盛开更难以预料。他会哭、会笑、会尖叫和歌唱,他会拒绝练习小提琴,对上小提琴课牢骚满腹,或者相反他热情地去排练,聆听音乐,好像粘到了音响上。作为他的父亲,我拥有特权——有时感觉像是个负担,但仍然是一种特权,我养育着这棵幼苗,直到它开花。这便是爱闪耀的地方,为父母们所特有。

  我有一个关于爱的理论。我相信,爱的终极本质就是我们都在寻找的圣杯:完整感、温暖和幸福、完全满足后的平静。这是我们每个人都在追寻的。我们也许是在各种伪装下找寻它:作为快乐的狂喜、成功的愉悦,或是对美的喜悦。我们也许是在不知不觉中找寻它:作为金钱甚至毒品或危险的刺激所带来的短暂欢愉。但我们都在寻求同样的最终实现。为人父母,带给我们很少的轻松和激动,相反却有大量繁琐的工作和操不尽的心,但也提供了精神转变、得到爱的崇高回报的机会。

致 谢

我想对你们说声"谢谢":

首先是感谢薇薇安——我写作此书过程中的伴侣。我要对你致以双重的感谢:感谢你让我们成为了父母,感谢你翻译和编辑了此书。感谢我们的孩子们,谢谢他们带给我的无数礼物。

感谢约翰·阿赫恩(John Aherne)和杰米·拉布(Jamie Raab)这两位完美的编辑,谢谢他们编辑本书原稿的方式——从不强加任何一点或干涉作品内容,但却能唤起我所能给予的最好的东西。

感谢所有鼓舞和激励过我的人们:我的老师以及精神综合疗法的创始人罗伯托·阿萨吉奥里(Roberto Assagioli);感谢劳拉·赫胥黎(Laura Huxley)以及她的观念——孩子是我们的终极投资;感谢玛利亚·蒙台梭利(Maria Montessori)、阿什利·蒙塔古(Ashley Montagu)、约翰·霍特(John Holt),他们的作品是我的指路明灯。

感谢戴夫·科尔（Dave Cole）、玛塞拉·马哈格（Marcella Maharg）和斯图尔特·米勒（Stuart Miller），谢谢他们的宝贵建议和指正。

皮耶罗·费鲁奇

译后记

作为"教师"和"镜子"的孩子

提起幼儿教育,很多人对意大利幼儿教育思想家、改革家玛利亚·蒙台梭利(Maria Montessori,1870—1952)的名字耳熟能详,但对其思想的流布和发展却知之甚少。正因为有了蒙台梭利的筚路蓝缕之功,意大利的幼儿教育及相关领域的成就才蔚为大观。本书作者皮耶罗·费鲁奇(Piero Ferrucci)即是其中的一位佼佼者。

费鲁奇1946年出生于意大利都灵,1970年毕业于都灵大学,曾师从精神综合疗法的创始人罗伯托·阿萨吉奥里(Roberto Assagioli,1888—1974)并担任过其助手。费鲁奇从事心理治疗师职业已有30余年,成就卓著,被誉为"当今欧洲精神心理学的引导者之一"。

费鲁奇著述颇丰,除本书外,重要的还有:《我们可以成为什么:精神综合疗法的视野与技术》(1982),介绍了精神综合疗法的训练方法及实践技巧;《不可避免的恩赐》(1990),集作者9年研究之大成,选取不同时代和文化中富有创造性的杰出人物,分析了他们人生中的巅峰经验和实现人生突破的契机;《仁慈的力量》(2007),从18种人类品质如感激、温情、慷慨等角度出发,考察了仁慈的力量;《美与心灵》(2010),讲述了美的体验是如何改变人生的;《内在意志》(2014),提供了具体的、有意义的训练方法,以激发我们的内在意志,应对当前时代人类精神的危机。此外,费鲁奇还与他人合著并编辑出版过一些著作。

可以看出,费鲁奇致力于召唤出人类的精神力量,试图以此改变我们的人生和世界景观。表面上看,他的理论似乎与幼儿教育不搭界,实际上却正是从一个侧面把握了幼儿教育乃至所有教育的本质。教育的质量与结果,取决于教育者的素质;反之,教育者的品质直接决定了被教育者的品质。职是之故,教育事实上也是教育者进行自身教育和自我完善的过程。这其中的道理并不深奥,大约一个世纪之前,当儿童和教育的问题在中国开始浮现时,鲁迅便以其文学家而非教育家的身份发出了"救救孩子"的振聋发聩之声,而核心问题乃在于

"我们现在怎样做父亲"。

《孩子是个哲学家》首先是一本写给天下父母亲的书。著作中所描述的那些家庭日常生活场景——抓狂、绝望的父母和顽劣、不可理喻的"熊孩子"之间的斗智斗勇，常常会令为人父母者有似曾相识之感，从而会心一笑。当然，书中也不缺少亲子间的温馨和柔情场面，比如费鲁奇在"引言"部分讲述的情节——他在一个黄昏抱着几个月大的儿子走在街道上，忽然体验到了生命的宁静与欢愉。也许类似的亲子共处时光都过于平凡吧，反而让我们视而不见，让我们忘记了一个简单的事实：生活中充满了神奇与美丽，生命本身便是一个奇迹。

费鲁奇所做的，是拂去蒙在生活之上的尘埃，将生命的本真意义呈现于读者面前。他不是高高在上地以"生活导师"的姿态布道，而是作为一个生活的"失败者"记下自己的感悟。育儿上的失败甚至在孩子未出生之前就已经被奠定了基调：对天才儿童的期许，希望孩子补偿自己未能实现的梦想这一隐秘的心理，此外还有各种育儿书籍、成功学读物所树立的理想化"典范"……挫败源于不切实际的"理想"，无论你的孩子有多么出色，他（她）注定也无法在天平上与"理想"一较高低。

实际上,今天的父母在孩童时代也曾被他们的父母置于"理想"的天平之上,这便是"理想"的魔咒与恶性循环。"理想"当然是一个华美的字眼,理想本身也妙不可言,然而,首先需要确保的是它们是孩子们自己的理想,而非父母们弥补人生缺憾、赢取称赞和掌声的道具。

事实上,父母们自身也无法应对"理想"的重压。孩子的到来挤压了原本"二人世界"的空间,扰乱了生活节奏和规律,侵占工作和休闲时间,生活变得碎片化和乱糟糟。这时,原先的生活秩序可能就会变成一种可望不可即的"理想",一旦父母们意识到育儿是以"牺牲"自己作为代价的,"付出—回报"的想法就会作祟,所有的"牺牲"转而又以"期望"的形式压到孩子身上。"爱之深,恨之切""恨铁不成钢"的悲剧其实一直在我们的生活中频繁上演,尽管其中只有极少数以极端的形式表现出来,但是也应引起我们足够的警醒。

费鲁奇在书中使用了"神经官能症"一词,指父母对孩子可能会遭受的不幸的种种幻想。"神经官能症"是育儿焦虑症的一种形式,它吞噬了为人父母者的愉悦。对于今天中国大多数父母而言,育儿焦虑症的普遍性和程度正在日益加深,也反映了我们所生存的这个时代的症候。美国心理学家和精神病学家卡伦·霍尼（Karen Horney，1885—1952）在《我们时代的神经症人格》中这样界定"神经症"："神经症乃是一种由恐惧，由对抗这些恐惧的防御措施，由为了缓和内在冲突而寻求妥协解决的种种努力所导致的心理紊乱。"神经症始于恐惧，对于育儿而言，恐惧孩子输在起跑线上，恐惧孩子落后，恐惧付出没有回报，恐惧美好未来无法兑现……神经症又是可以累加、传染和遗传的，于是我们看到孩子渐渐变成了缩微版的自己。

又是一个恶性循环。因此，如果没有育儿观念上的根本变革，我们自己内心不经历一场思想风暴，这些恶性循环是万难破解的。《孩子是个哲学家》中讲述的道理尽管朴素，其中却蕴含着育儿和生活观念的根本变革。它不仅仅是简单地颠倒传统教育理念中的"传者"和"受者"角色，同时也以孩子作为标尺，来衡量成人世界所丧失的东西，甚至于生活观念、对生命意义的理解的根本性缺失。以儿童为师，蒙台梭利在《童年的秘密》中即已提及，其中一章的标题便是"作为教师的儿童"。向孩子学习什么？一般成人所乐于承认的不过是孩子更有想象力之类的陈词滥调。在费鲁奇看来，这显然是远远不够的。

  本书正文共14章,从不同侧面陈述了我们能从孩子身上所学到的"生活的艺术":从孩子对世界的专注之中,学会活在当下,学会全身心地付出;从孩子执着于自己的方式之中,学会不带期望地与他人相处,不侵占他人的空间;从孩子的天真无邪和创造性之中,学会摆脱过去和经验的牢笼;从与孩子的接触中,发现之前未曾意识到的自己的另一面;从孩子的负面情绪中,观察到其中所折射的父母的潜在情绪;从童言无忌之中,学会面对生活和自己的真实,拒绝谎言;从孩子对待父母的态度中,发现自己对待伴侣的态度,从而检省爱情之河的干涸;从孩子的正义感和对于死亡的最初思考中,体验到对于生命的感激之情;从孩子不厌其烦的重复游戏和探索中,学会缓慢、耐心和等待;从孩子的好奇心和天马行空般的问题中,学会创造性的思维;从孩子的随遇而安之中,学会自发地生活;从孩子的纯真之中,发现人际关系的美妙和日常生活的独特之处;在面对孩子的要求时,明白坚持和意志的重要性;从陪伴、保护孩子的过程中,体味爱的无私和回馈。

  孩子作为"教师"的身份,在于他们为成人世界提供了一面奇妙的"镜子"。这面"镜子"既忠实地反映出成人的影像,也映照出成人世界的缺失。从消极的方面来说,孩子让家长的专制、自以为是、神经官能症等戏剧性地现形,为家长提供了一个外化的"自我";从积极方面看,孩子提醒成人们在生活中丧失了什么,为成人树立了一个理想的"真我"。当然,孩子并不会直接教我们什么,如果我们不能保持对自我、生活和世界的自觉、反省态度,孩子也无法在我们的生活中充当"教师"和"镜子"的角色,生活和世界也将延续其原有的形态和秩序。换言之,孩子必须被当作一种异质性而获得足够的尊重,如果没有一种异质性,我们甚至永远也无法知道自己是什么。

儿童世界的重要,在于它充满了直觉和想象,而没有成人世界那样的唯理性是崇。人类进入现代以来,理性和功利的思想逐渐膨胀,直至硕大无朋,绑架了我们的生活,侵蚀了人与人、人与世界之间的关系。现代所发生过的人类灾难和正在日益严峻的生态危机,不过从一个侧面反映了现代的症结而已。至于日常生活乃至家庭生活方面,工具理性的危害尚未得到清晰的认知。目的排挤了过程,盘算代替了体验,这深刻地改变了我们看待自己、亲人、他人、世界和时间的方式。正如费鲁奇在书中所言，"一个幼儿体验时间的方式是不同于我们成人的。对我们来说，时间像一支箭，始终指向一个方向。我们必须达到目标——其他一切都是其次的。我们的时间有效率，但却是贫乏的。孩子们的时间却像一个圆圈，它哪儿都不去。它是无效率的"。

"效率"这一本该用于现代化工业生产中的词汇，如今却成了我们日常生活中的无形之手，无处不在。当今世界的"成功学"本质上是一种"效率"经济学，即用最少的投入（包括时间）获得最大的产出。它也成了当下子女教育中最为常见的方式。上文提及的"牺牲""付出—回报"等观念，归根结底便是这种"成功学""效率经济学"所投下的暗影。因此，不从根本上追问成功是什么、教育的目的，也就无法从根本上改变现在教育上的痼疾，而这个改变必须以父母和教育者的自我改变为开端，进而重新回到那些古老的人生命题：人是什么？生命的意义何在？

这些命题远非深奥的哲学问题，自人类诞生以来，人们就未曾停止对它们的探寻。它们的答案实际上已经寓含在这样永不停歇的探寻之中，因为只有人类才会提出此类问题并试图寻找答案。一个基本的共识是,人和生命自身便是目的,它们不是手段,是不为什么的。从这个起点出发,我们会惊异地发现,孩子的行为和世界恰恰是与此完美契合的;而成人世界却在不知不觉中疏离了它。费鲁奇在书中描述了一次假期旅行,在成人看来的一场灾难,孩子们却玩得乐不可支。这可以视作儿童世界和成人世界对照的一个隐喻:成人们无法摆脱实用性、目的性的缠绕,哪怕是在休闲活动中也是如此;而孩子们却把握了旅行的真谛,认识世界、发展自身。对于成人来说,旅行是为了某个旅行之外的目的;而在孩子看来,旅行便是旅行。

一旦我们承认向孩子学习的必要性,那么我们将会重新打量育儿这一活动。"牺牲""付出"的观念站不住脚不用说了,"回报"的观念也将被赋予迥然不同的内涵。我们的确获得了丰厚的回报,不是孩子做出了什么样的成绩,而是我们体验了成长、感激、纯真、爱、温情,以及它们对于现代人生的重要意义。就此而言,《孩子是个哲学家》同样是一本写给现代和所有成人的启示录。最后我想以本书中的话与读者共勉:"慢下来,不紧张,活在当下,享受自己。你有权利不带目的地生活。"

本书根据英译本（Simon & Schuster Ltd，2002）转译，英译本的译者正是费鲁奇的妻子薇薇安·费鲁奇（Vivien Ferrucci）。中国大陆之前曾有过汉译本，有删节。此次重译尽量忠实原文并保留原作风格，由于译者水平有限，不足之处敬请读者批评指正。

译者
2016年5月

图书在版编目（CIP）数据

孩子是个哲学家：重新发现孩子，重新发现自己 /（意）皮耶罗·费鲁奇著；张晶译 .—上海：上海社会科学院出版社，2016
 ISBN 978-7-5520-1061-9

Ⅰ.①孩… Ⅱ.①皮…②张… Ⅲ.①家庭教育 Ⅳ.① G78

中国版本图书馆 CIP 数据核字（2016）第 207896 号

I BAMBINI CI INSEGNANO (WHAT OUR CHILDREN TEACH US)
BY PIERO FERRUCCI
Copyright©This edition arranged with Piero Ferrucci
Through BIG APPLE AGENCY, INC.,LABUAN,MALAYSIA
Simplified Chinese edition copyright:
2016 Beijing Green Beans book Co., Ltd.
All rights reserved.
上海市版权局著作权合同登记号：图字号 09-2016-576

孩子是个哲学家：重新发现孩子，重新发现自己

著　　者：	［意］皮耶罗·费鲁奇
译　　者：	张　晶
责任编辑：	李　慧　杜颖颖
特约编辑：	刘红霞
插画作者：	闪　闪
封面设计：	主语设计
出版发行：	上海社会科学院出版社
	上海顺昌路 622 号　邮编 200025
	电话总机 021-6331597　销售热线 021-53063735
	https://cbs.sass.org.cn　E-mail: sassp@sassp.cn
印　　刷：	河北鹏润印刷有限公司
开　　本：	889 毫米 ×1194 毫米　1/32
印　　张：	8
字　　数：	100 千
版　　次：	2016 年 10 月第 1 版　2024 年 5 月第 7 次印刷

ISBN 978-7-5520-1061-9/G·577　　　　　　　　　　定价：52.80 元

版权所有　翻印必究